浙江省科技厅软科学计划课题《旅游生态景点景气指数构建及预言服务机制研究》(2019C35029) 的研究成果

杭州市哲学社会科学课题《基于景气指数的杭州旅游生态预警监管机制研究》（Z19YD039）的研究成果

浙江省旅游生态景气指数构建及预警系统研究

张颖　著

中国原子能出版社

China Atomic Energy Press

图书在版编目（CIP）数据

浙江省旅游生态景气指数构建及预警系统研究 / 张
颖著. —— 北京：中国原子能出版社, 2021.10
ISBN 978-7-5221-1635-8

Ⅰ. ①浙… Ⅱ. ①张… Ⅲ. ①生态旅游 – 旅游业发展
– 研究 – 浙江 Ⅳ. ①F592.755

中国版本图书馆CIP数据核字(2021)第204987号

内容简介

本书主要从经济、社会、技术等方面对景气循环波动的主要影响因素进行了较为深入的分析研究，确定了景气指标，并运用合成指数法、变异系数法等方法建立城市旅游的景气指数及预警机制。本书通过对各类资料进行整理、分析和研究，创新融入了生态指标，并以浙江杭州为对象进行实证分析，勾勒出杭州的旅游景气波动的运行轨迹并进行了体系的验证。最后，根据科学的测定结果得出杭州旅游景气波动的基本特征，找出了引起景气波动状态产生的原因。本书所做的旅游生态景气预警指数体系的研究，为旅游景气指数预警体系更完善、更有效地发挥作用提供了参考价值。

浙江省旅游生态景气指数构建及预警系统研究

出版发行	中国原子能出版社（北京市海淀区阜成路43号　100048）
责任编辑	王齐飞
装帧设计	河北优盛文化传播有限公司
责任校对	宋　巍
责任印制	赵　明
印　　刷	河北文盛印刷有限公司
开　　本	710 mm×1000 mm　1/16
印　　张	10.75
字　　数	270千字
版　　次	2021年10月第1版　　2022年6月第1次印刷
书　　号	ISBN 978-7-5221-1635-8
定　　价	89.00元

目 录

第一章　导论

引 言

在经济飞速发展、人民生活水平日益提高的当今中国，旅游已经成为大众较为热衷的休闲放松方式。党的十九大报告提出，我国社会主要矛盾已经转化为人民日益增长的美好生活需要和不平衡、不充分的发展之间的矛盾；在国民消费升级的大趋势下，人们更注重体验与精神追求。对于旅游产业而言，在精神消费背后又是新一轮的行业发展机会，因此，可以预见，在未来会有越来越多的人投入到旅游业当中来。我国旅游业总体保持健康较快的发展，根据国家旅游局发布的旅游统计数据，截至 2019 年，国内旅游人数 60.06 亿人次；中国入境旅游人数 1.45 亿人次，中国公民出境旅游人数 1.55 亿人次；全年的旅游总收入 6.63 万亿元，国际旅游收入 1 313 亿美元。旅游业对 GDP 的综合贡献为 10.94 万亿元，占 GDP 总量的 11.05%。2020 年爆发全球新冠疫情，因此旅游数据不纳入正常的数据分析中。从这些数据可以看出，越来越频繁的旅游活动给旅游目的地带来了极为可观的经济收益，但与此同时，旅游目的地居民平静安逸的生活被打破，生态环境的承载能力随着游客人数和生活垃圾的增多而受到了挑战。旅游是以经济为主要目标的一项活动，世界是一个循环的系统，旅游经济的运行势必会受到生态和社会等方面的影响。因此，发展旅游业时，当地经济、社会、环境三者之间的关系如何协调才能保证旅游业可持续发展是一个值得深入研究的问题。

预警即预先分析出可能出现的警情，并提前进行警报，预防警情的发生。预警最早出自军事领域，通常用来防御敌军的突然袭击。它的运行原理为情报系统和卫星电子侦察系统等实习地监控假设的预警目标量，当这些预警目标量达到一定阈值时，系统会自动发出警报，表示即将发生突然袭击，指挥官收悉后可及时采取相应防御措施，以避免危机发生。随着时代的发展，这种预警机制逐渐应用到了经济、医学、生态保护、公共治安

等各个领域。旅游业的发展涉及经济、社会、生活等方方面面，而其要实现长远的可持续发展，科学的预警机制是必不可少的。

景气评价作为一种衡量和判断经济繁荣发展程度的重要方法，被各行业广泛应用。近几年，在旅游方面的景气评价也呈现上升趋势，旅游景气评价就是对城市旅游运行状况的一种综合性描述，用来说明其旅游产业经济活跃的程度。本书的研究目的就在于在了解景气波动形成机理的基础上，建立科学有效的城市旅游景气评价监控测量体系，分析运行态势，发挥警示作用。笔者在充分借鉴和吸收国内外研究现状与相关理论方法研究的基础上，对景气指数以及旅游景气指数相关领域的前人研究成果进行归纳总结，并对书中将要使用到的相关理论方法作了简要介绍。接下来以实证研究为主线，笔者首先从经济、社会、技术等方面对景气循环波动的主要影响因素进行了较为深入的分析研究，根据景气指标的筛选原则确定了景气指标的初选指标；其次，通过基期和基准点的确定建立基准循环，运用合成指数法、变异系数法等方法和手段建立了城市旅游景气循环评价体系，同时立足于具体的统计工具对整理后的相关资料进行了系统分析和研究，具体以浙江杭州城市旅游为实证对象进行实证分析，勾勒出杭州城市旅游景气波动循环的运行轨迹并进行了体系的验证；再次，根据科学的测定结果得出杭州城市旅游景气波动的基本特征，并运用定性和定量结合的方法探讨了杭州城市旅游景气波动的状态和产生原因；最后是结论与展望，笔者提出了旅游生态景气预警指数体系的研究局限以及需要修正、改善的地方，以期旅游景气指数预警体系能够走上科学、严谨的良性发展道路。

第一节　研究背景及意义

近年来，我国旅游行业在国家政策的推动下得到了各地的高度重视和关注，而且逐渐成为各地国民经济的战略性支柱产业。我国旅游业对 GDP 的贡献额持续增长。2019 年，我国旅游业对 GDP 的综合贡献为 10.94 万亿元，占 GDP 总量的 11.05％，与 2014 年对比，旅游业对 GDP 的综合贡献增长了 4.33 万亿元，占 GDP 总量的比重亦有所提升，旅游业对经济增长的拉动作用增强。与此同时，在旅游业发展过程中，旅游业相关管理者过分偏重经济效益，而忽视了因为游客增多等问题给社会和生态带来的不良影响，若这些不良影响得不到重视，其将为旅游业的可持续发展带来隐患。在这样的背景下，1983 年谢贝洛斯·拉斯喀瑞首次提出了"生态旅游"（ecotourism）的概念。生态旅游快速发展在促进旅游地经济发展的同时，也诱发了一系列的问题。旅游发展一方面在保护和恢复历史建筑与名胜古迹、改善旅游地的环境、增强人们的环境保护意识、保护野生动植物等方面起到了积极作用。另一方面，它所带来的负面影响也不容忽视，如①环境污染（水质污染、空气污染、噪音污染、视觉污染、垃圾弃置）；②破坏旅游地区的和谐生活（交通拥挤和堵塞、土地使用问题、废物处理问题）；③旅游目的地和旅游相关项目的不当开发（清除地表的本土自然植被，引种来自异邦或外国的观赏性植物；人为削平山丘、填平洼地、用填海或沼泽地等围填自然湿地的方式造地；砍伐森林，获取建筑木材；在附近海滨地区挖取建筑用沙，在附近开采建筑用石料、开采地下水）；④破坏生态平衡（破坏植物、野生动物）。

　　浙江作为经济发展较快的省份，十分重视旅游业发展和社会经济发展的同向性。2020 年浙江省第十四次党代会提出"大力发展全域旅游，积极培育旅游风情小镇，推进万村景区化建设，提升发展乡村旅游、民宿经济，全面建成'诗画浙江'中国最佳旅游目的地"的目标，这是践行"绿水青山就是金山银山"，实施乡村振兴战略的创新实践。旅游经济的平稳运行也需要加大信息引导和对未来发展趋势的预判。只有将分散的旅游市场、旅游产业、发展环境等数据和信息进行有机整合，建立旅游经济预测与预警系统，才能为制定旅游经济形势分析制度奠定数据基础和理论依据。2021 年浙江省文化和旅游厅印发关于《浙江省文化和旅游统计管理实施办法》的通知，首次以规范性文件正式明确了文化和旅游统计是国民经济统计的重要组成部分，综合反映了文化和旅游发展的状况和趋势，也进一步

突出了完善旅游经济趋势分析制度的必要性。所以，运用严谨科学的方法对旅游经济与社会、生态关系的协调发展情况，对城市旅游的景气运行状态进行分析和评价就显得特别必要和重要了。基于以上分析，本书以浙江省科技厅软科学课题《旅游生态景点景气指数构建及预警服务机制研究》（2019C35029）为依托，在充分借鉴国内外相关研究的基础上，以浙江省为例，开展基于生态的旅游景气指数和预警指标研究。

一、为推动和完善旅游经济管理理论的研究提供指引

构建旅游安全预警指标，确定旅游安全预警观测值并根据报警值域确定并向社会公布旅游景点安全状态的数值、级别具有重要理论意义。关于旅游生态景点景气指数的探讨，主要源于旅游产业近年来迅猛发展，已成为国家战略性支柱产业，但与旅游发展不相适应的是国内关于旅游管理理论的相对滞后。总体来讲，国内外关于旅游安全的研究尚不够成熟。构建旅游景点的景气指数至今没有明确的界定和社会预警服务的安民告示，尚没有形成完整的理论体系。本研究既是对景气指数理论的重要补充和完善，又是科学管理旅游业的重要举措，有助于推动旅游管理理论的发展与完善。

二、为预测旅游经济发展走势提供充足的数据基础和技术保障

笔者主要是对旅游经济、社会、生态三方面进行了综合考虑，完善了区域旅游经济预警指标体系，并构建了区域旅游经济预警系统，具体阐述了系统的结构和运行步骤。在此基础上，以张家界市的旅游经济为案例进行实证研究，验证了本书所构建系统的可行性。本研究不仅可以对旅游可持续发展领域和旅游安全领域的发展做出贡献，还能给其他领域的预警研究以借鉴。

三、为规划旅游部门发展方向及制定政策提供新思路

关于生态效率的概念，被广泛接受的是由世界工商企业可持续发展理

事会（WBCSD）所提出的概念，其认为生态效率将资源、环境和经济三个指标联系起来，着重强调经济效益与环境效益之间的平衡，在经济目标与环境目标之间形成最佳连接方式。其中心思想是要求各行业及各企业以最少的生态和环境消耗换取最高质量的产品。目前，生态效率研究广泛应用于海洋渔业、石油行业、旅游业等各行业。有效的生态效率研究可以促进行业监管，加强环境保护，为国家或地区政策的制定提供理论支撑。

四、为建立和完善旅游经济宏观调控体系提供科学依据

目前，我国旅游业的宏观管理以事后被动管理为主，缺乏主动性前瞻管理需要的监控体系，而具体如何识别旅游业发展中的影响因素与这些因素的贡献率，如何判定旅游业的发展质量并预测发展方向，根据哪些指标、何时预警、如何区别性地预测和监控旅游人次等都是值得关注的问题。通过构建旅游景气指数，我国可以有效提高旅游生态系统宏观管理的质量与效果。旅游景气指数分析法这一分析方法可以为制定更加科学合理的旅游经济政策提供一定的参考，可以为游客旅游决策及旅游线路的选择献计献策，可以为旅游景点发展的微观决策提供宏观指引，可以为旅行社或饭店制定规章制度和发展策略提供依据，可以为投资者适时地进入或退出本行业提供一定的帮助，可以为区域旅游发展的数字化、科学化奠定基础。

五、为旅游投资和产业运行主体制定发展战略提供信息

文化旅游产业作为战略性支柱产业，运行主体在制定中长期发展战略时，需要及时准确地了解旅游消费、旅游就业等具体状况，以及影响旅游业发展的宏观政策信息。浙江省文化和旅游厅在制定2021年浙江省文化和旅游工作目标时，明确提出了文化产业和旅游产业增加值要实现正增长，"文化浙江""诗画浙江"影响力显著提升，这也对旅游产业提出了高要求，因此旅游经济监测与预警系统是解决这些问题的有效手段，而且具有很强的示范作用。

第二节　国内外研究综述

一、关于旅游经济的研究综述

国外对于旅游经济的研究主要集中于旅游经济影响效应、旅游经济影响理论、旅游经济增长产生的影响等方面。在旅游经济影响效应研究方面，国外相对国内要早很多。1899 年，意大利国家统计局局长发表的一篇讲述外国游客流动与其花费关系的论文，拉开了旅游经济效应研究的帷幕。1927 年，意大利教授马里奥蒂在其所著的《旅游经济讲义》一书中对旅游经济效应进行了比较全面和系统的分析。布莱恩·阿切尔（Brian H. Archer）以及其他一些旅游学者将英国经济学家卡恩（Khan）（1931）提出的乘数理论引入旅游业研究，提出旅游乘数效应理论，指出在旅游产品生产和再生产的过程中，旅游收入与国民经济，其他部门的收入、产出以及就业之间会产生连锁影响。其后，特蕾西（Treacy）（1955）、比译（Bidese）（1969）、阿彻（Archer）（1978）、布鲁纳（Bruner）（1987）、朗凡（Lanfant）（1988）等学者分别研究了旅游经济的地位、性质、特点以及影响力等内容，其中旅游影响力的研究在当时成为关注焦点。到了 20 世纪 80 年代末，冈恩（Gunn）（1988）、英斯凯普（Inskeep）（1991）、维尔（Veal）（1993）等学者探究了旅游经济效益和方法，推动了旅游经济分析理论的进步。

相对于理论研究，国外对旅游经济效应的实证研究更为充实。马西森（Mathieson）、沃尔（Wall）（1982）、基奥（Keogh)（1985）等基于大量的实例研究，通过旅游乘数效应理论进行分析，得出基本相同的结论，从而验证了旅游乘数效应理论的可行性。阿彻（Archer）和弗莱彻（Fletcher）（1996）基于塞舌尔 1991 年的数据，研究了旅游花费对平衡国际收支、国民收入、公共部门收入、提供就业机会等方面的影响。约翰·瓦格纳（John Wagner）（1997）、尼尔·莱珀（Neil Leiper）（1999）分别利用矩阵模型计算巴西的旅游业对当地经济的贡献，利用旅游就业系数指出澳大利亚旅游业在促进就业方面的作用。近些年，国外开始出现运用复杂数学模型的研究文献，如 金成译（Samuel Seongseop Kim）、田桂成（Kaye Chon）、邱耀宗（Kyu Yoop Chung）（2003）运用投入产出模型来计算韩国旅游业的经济影响，包括旅游业对就业、居民收入、价值增加量、外汇收入的影响。在旅游经济增长研究方面，国外学者们大都是通过经济学或者管理学的视角，来分析某个国家或地区的旅游经济与该区域经济增长的关系，或者探讨该地旅游经济发展对该区域经济、文化、社会、环境等的影响。加里·卡姆登·迈耶（Gary Camden Meyer）（1975）用明尼苏达州作为案例，通过实证分析，发现该地区旅游发展对区域经济发展起着重要推动作用。美国商务部（1976）、A.M. 威廉姆斯（A.M. Williams）和克肖（G Shaw）（1988）等分别以明尼苏达州、马尔代夫为例揭示了旅游经济发展的潜力，以及旅游发展与该区域经济发展的关系。罗斯玛丽·路易丝·李（Rosemary Louise Lee）（1977）分析了旅游发展同阶级结构之间的关系。东顺（Tosun C）、蒂莫西（Timothy D C）（2003）将土耳其作为案例，研究了旅游增长、国家经济发展和区域不平等的问题。

我国对于旅游经济的研究主要集中在理论分析、旅游经济增长影响因素和贡献度研究、旅游经济的区域差异和空间联系的研究、生态环境与旅游经济的协调发展研究、旅游经济发展与其他行为的耦合关系研究等方面。

在理论分析方面，罗明义（2009）从中国特色旅游经济理论的产生、形成和发展三个阶段论述了其形成过程，具体介绍了中国特色旅游经济理论的基本内容，即旅游经济本质理论、旅游经济发展理论、旅游改革创新理论、旅游对外开放理论和可持续旅游发展理论，并分析了中国特色旅游经济理论的发展特点。李峰（2013）提出旅游经济的脆弱性分析包含旅游环境维度、旅游市场维度、旅游经济结构维度和脆弱性应对四个维度，同时其在哈佛学派的 SCP 范式的基础上，提出了"E-MSCP"分析模式，并

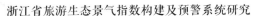

构建了旅游经济脆弱性的形成机理模型。在旅游经济增长影响因素和贡献度研究方面，生延超（2012）构建了多部门经济模型，旅游产业结构变动对旅游经济增长的贡献为 $G_t = \Delta F_t \cdot Y_t$，$\Delta F_t = F_t - F_{t-1}$。式中，$G_t$ 表示 t 年旅游产业结构变动对旅游经济增长的贡献，F_t 表示由 t 年各旅游部门旅游经营收入占当年旅游经济比重构成的行向量，Y_t 表示由 t 年各部门旅游经济增长率构成的列向量。在此基础上，他还利用 1992—2008 年数据测度出旅游产业结构变动对旅游经济增长的贡献。余凤龙（2013，2014）用市场化指数揭示制度变迁，通过各省份的市场化指数和旅游经济面板数据，阐明了中国的制度变迁对旅游经济增长的影响程度。此外，他还从理论上剖析了城镇化与旅游经济发展的相互作用，实证分析了中国城镇化与旅游经济发展水平的关系，以及城镇化对旅游经济增长的影响。刘春济（2014）从产业结构的合理化和高级化两个维度考查了中国旅游产业结构变迁的特征，构建了计量模型，并对旅游产业结构变迁对中国旅游经济增长的影响进行了分析。

旅游经济的区域差异和空间联系是关于旅游经济研究得最多的领域，很多学者先后对各个省的旅游系统空间结构和旅游经济联系进行了实证分析。例如，王敬武根据国际游客人均消费指数，对国内部分省区和全国60个主要旅游城市的旅游经济进行了对比分析。陆林从经济地理学的角度分析了 1990—2002 年中国省际旅游经济差异变化的总体水平及变化的空间结构特征，揭示了区域旅游经济水平与旅游产业地位的分异规律，并提出缩小地区差异、协调地区旅游业发展的对策。刘宏盈（2010）通过研究陕西入境旅游流的西向梯度扩散问题，对入境旅游流的外汇收入和省域旅游经济联系强度两个方面进行了耦合分析。曹芳东（2012，2013）以长江三角洲地区为例，探讨了城市旅游经济联系的测度与空间整合问题，并对处于转型期的城市旅游经济时空变异及其异质性模拟进行了分析。在旅游经济与其他学科的耦合分析中，探究其和生态环境之间关系的占大多数。王辉（2006）利用定量的方法对沿海城市的生态与旅游经济的协调发展进行了研究。王永明（2011）研究了城市旅游经济同交通发展之间的耦合协调情况。钟霞（2012）以广东省为例，对旅游—经济—生态环境的耦合协调发展进行了探讨。陈太政（2013）研究了旅游产业高级化与旅游经济增长之间的关系。王凯（2014）探讨了中国旅游经济增长和碳排放之间的耦合关系。

二、与旅游业相关的预警系统的研究进展

从 Science Direct 数据库搜索"early warning system"，可以发现，国外对于预警系统的研究大多集中在煤矿、财政、医学等领域，与旅游相关的文献甚少。文森特·赵（Vincent Cho）（2003）用三种不同的时间序列方法来预测旅游市场趋势的准确性，这三种方法分别是指数平滑法、单变量自回归移动平均结合法以及神经网络法，并且用均方根误差与平均绝对误差百分比进行了检验，最后的结论是在这三种方法中，神经网络法是预测游客人数最好的方法。洛伦佐·阿尔芬（Lorenzo Alfien）（2012）回顾了欧洲各种天气条件引起的与水相关的灾难，设计了一个由 5 个子系统组成的业务预警系统。苏珊娜·贝肯（Susanne Becken）（2013）以 Northland 地区为例，探寻了旅游业和灾难管理的利益相关者目前和未来灾难风险管理行动在旅游业中的作用。蒂莫西·M·伦顿（Timothy M.Lenton）（2013）基于物联网技术，设计了城市公共安全应急管理预警系统（IOT），该系统具有全方位监控和控制功能，能够对突发事件进行准确的预测和有效的处理。

目前我国已有不少关于旅游安全预警方面的研究，且大多都以预警系统的设计为具体研究对象，或者从某个方面对安全预警进行研究，如地震预警、旅游资源预警等。在预警系统设计方面，王慧敏（1997）论述了景气指数预警系统、信号预警系统、状态判别预警系统、智能化预警系统和神经网络预警系统五个预警系统的基本功能和应用现状，并着重对智能化预警系统和神经网络的特点及问题进行了分析与比较。张进福（2006）对中国旅游安全救援系统构建做了初步设想，认为该系统应由旅游救援指挥中心、旅游救援机构、旅游安全救援的直接外围机构、旅游安全救援的间接外围机构构成。胡伏湘（2011）以 GIS 和生态学理论为依据，从系统体系结构建立、数据库实现、系统功能结构实现三个方面进行了旅游景区生

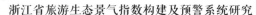
态预警系统的研究。黄燕玲（2012）从功能角度分析了旅游安全救援服务系统，认为该系统由旅游安全政策法规子系统、旅游安全预警子系统、旅游安全救援子系统、旅游保险子系统四部分组成。李东和（2011）将黄山市作为实证研究对象，探讨了该地救援系统的构建，认为旅游目的地救援系统应由 1 个中心和 4 个子系统构成。霍松涛（2008）讨论了旅游预警系统的运行原理及其构建问题，提出了包括五大子系统在内的旅游预警系统。刘军林（2011）从智能旅游灾害预警及灾害救助平台的构成特征、技术支撑与构建、服务方式等方面，分析了灾害预警与灾害救助平台的技术构成与服务需求。此外，也有一些学者研究了预警系统的评价指标体系和客流等的预测。

三、景气指数及旅游景气指数研究综述

景气指数，亦称景气度，是对景气调查中的定性问题通过定量方法加工汇总，综合反映某一特定调查群体或某一社会经济现象所处的状态或发展趋势的一种指标。景气指数将经济以统计指数的形式表现出来，使其变得直观简明。景气指数按照编制方式可以分为扩散指数和合成指数。

景气分析（商业周期分析）是一种经济周期统计分析方法，其作为抽象的宏观概念，是指国家总体经济运行状态。景气分析主要是利用月度或季度经济统计序列数据，分析和判断经济发展处于周期性波动的哪个阶段，是扩张阶段还是收缩阶段，是峰点、谷点还是景气转折点，并找出景气状态发生变动的原因，预测未来经济景气走向和下一个波峰或者波谷出现的时期，验证和评价经济政策实施的效果等。景气指数反映的是一种状况或宏观经济的行情，具有一目了然的特点。因此，经济景气的测定与描述对于了解目前经济运行中存在的问题及今后的发展趋势，具有基础性作用。

国内关于旅游景气指数的研究不多，近几年在以国内旅游产业综合景气指数研究为代表的研究中，领先、同步和滞后类指标的选取与指标体系构建占主要地位。例如，王新峰选取了 27 个基本指标来构建旅游景气指数的指标体系，并基于变权思想和熵权方法对中国的旅游景气指数进行测

度，最终建立了由 27 个指标构成的体系，具体划分为 8 个先行指标、12 个一致指标和 7 个滞后指标。戴斌根据旅游经济运行分析模型，得出了相关指标来监测旅游经济运行情况，最终建立了 27 个反映中国旅游经济动向的指标体系，具体划分为 12 个先行指标、10 个一致指标和 5 个滞后指标。成英文等人运用月度数据编制了 2007—2012 年入境旅游景气先行指数和一致指数，分析了在此期间北京入境旅游市场的波动情况及成因，揭示了先行指数和一致指数之间存在的时滞关系，以期为政府管理机构和旅游企业准确判断城市旅游业的发展并预测未来的动向、制定相关政策提供一定的依据。

国外景气指数研究有一套相对成熟的体系，旅游景气指数的研究主要集中在对国际入境旅游市场的预测方面。例如，特纳（Turner）等运用综合指数法、人均收入、汇率等指标构建的领先指标来预测发达国家旅游与澳大利亚旅游业未来发展的需求。通过研究旅游业的领先指标，库勒德瑞和维特（Kulendran & Witt）选定了相对价格、汇率、人均可支配收入、国内生产总值（GDP）等主要指标，并预测英国出境旅游的需求。传统研究在构建体系过程中，指标的选取与权重的赋值上存在的主观性问题、多项指标同质性问题，导致综合判断过程与结果上缺乏客观性和直观性。定性与定量分析统一度不高，最终导致对产业发展所处周期阶段判断较为模糊，对产业发展增长速度的定量描述也不足，从产业的理论分析到产业的实践应用过程中，指标体系在指导与实操方面都存在部分缺失。

根据国内外有关旅游景气指数的文献研究可以看出：一方面，国外对旅游景气指数的研究要先于我国，较早地开始了旅游景气指数的概念、理论体系、方法体系、实证研究，我国的研究是在借鉴国外研究经验的基础上展开的；另一方面，我国学者对相关理论的研究较为系统，所进行的实证研究也丰富多样，为我国旅游景气指数研究奠定了良好的基础。在研究过程中，也有在一些不足，如在指标选择上，研究成果之间存在指标从属逻辑混乱问题；在权重确定上，研究人员习惯采用理论上并不成熟的主成分分析确定权重方法，即使在评价中采取了一些较复杂的评价方法，也缺乏多种方法的有效融合；而旅游景点景气指数的构建及其在旅游预警方面

的应用的相关研究，很少有人涉足。

四、旅游生态效率研究综述

1992 年，联合国环境与发展大会（UNCED）会议报告《变革中的历程》中首次阐述了生态效率的内涵。该报告指出，环境投入与经济发展两者之间的关系应该是协调统一的，不应该走向对立。世界工商企业可持续发展理事会（WBCSD）（2000）首次将生态效率概括为在满足人类基本需求的同时，减少生态循环中各种极端的生态影响和资源密集度，为生产和生活提供价格具有竞争力的优质产品或服务。生态效率即经济收益与环境投入的比值，其中心思想是在生产高质量、有竞争力产品的同时，不断减少生态投入，降低成本，实现经济效益和环境效益双赢。目前，生态效率评价方法在各行业可持续发展研究中应用广泛，已经成为衡量人类经济发展与生态环境关系的重要手段。1992 年，国外开始将生态效率理论应用于企业生产和管理评价体系中，并将生态效率融入企业产品的设计和制作过程中。目前，国外对生态效率的实证研究已经深入旅游业（2002）、海洋渔业（2009）、蔗糖产业（2009）、石油产业（2011）等各种行业，并为各行业的发展提供了新思路。生态效率理论在旅游行业的应用开始于21 世纪初。戈斯林（Gossling）（2002）在对旅游业经济收益和环境影响进行分析的基础上，对美国落基山国家公园、荷兰阿姆斯特丹、法国、塞舌尔等国家和地区的旅游生态效率进行了定量化研究，并对不同目的地旅游生态效率进行了对比，认为导致不同客源地生态效率产生差异的原因具有多重性特点。苏珊娜（Susanne）以瑞士阿尔卑斯山地区的达沃斯为例，通过经济效益、土地利用、就业等指标数据，甚至通过投入产出分析（IOA）模型，对旅游生态效率战略进行评价。乔·凯利（Joe Kelly）利用离散选择实验（DCE）方法分析了旅游者对于土地利用、交通、休闲、环境管理创新等提高旅游生态效率措施的偏好差异。在低碳旅游、旅游节能减排成为大趋势的背景下，旅游生态效率研究有机整合了旅游环境影响和经济效益两个变量，为旅游可持续发展分析提供了一个新的视角。

　　国内对生态效率的研究远远晚于国外，且研究主要集中在农业、工业等行业，对旅游业的研究较少，其发展趋势可总结如下：①理论研究起步较晚。谢雨萍（2008）应用旅游生态足迹的理论和方法，构建生态农业旅游可持续发展评价模型，并定量评价了广西 2004—2006 年的生态足迹和承载力；刘军（2017）在回顾旅游生态效率研究现状的基础上，从概念、领域、方法和时间四个层次对现有研究结果进行了汇总，并概括了旅游生态效率的发展趋势与特征；姚治国（2019）在对国外旅游生态效率的优化方案进行深入研究的基础上，优化了旅游生态效率模型，为我国旅游目的地旅游生态效率优化提供了借鉴。②实证研究方法多样化。甄翌（2014）选取湖南张家界作为研究区域，通过碳足迹与生态效率理论，结合多种计量软件，对张家界的旅游生态效率进行测算，并对其影响因素进行了定性分析。③动态分析科学化。彭红松、章锦河等人（2017）基于时间序列，运用非期望产出的 SBM—DEA 模型，测度了1981—2014 年黄山景区的生态效率，分析了其演化过程与特征，并使用Tobit 回归模型检验了各种影响因素对生态效率的影响程度；王兆峰和霍菲菲（2018）借助向量回归模型，对湖南武陵山片区旅游产业生态效率的演化过程及其影响因素进行了分析；林文凯和林璧属（2018）运用超效率 DEA 模型分析了 2011—2016 年江西省旅游产业的生态效率，并且运用探索性空间数据分析工具（ESDA）揭示了其空间差异特性。

　　由此可见，国内外对生态效率研究和应用的侧重有所不同。国外生态效率研究主要着力于企业及其产品的生态效率，对旅游业生态效率的研究仍处于完善和发展阶段，而国内对生态效率的研究起步较晚，对旅游业生态效率的研究存在研究对象单一、指标体系有争议等问题。随着理论和实证研究的深入和发展，国内对旅游业生态效率的运用范围不断扩大、方法不断多变。本书也将在第四章分析旅游生态环境投入与旅游收入之间的关系，促进对旅游环境深入的研究。

第三节 研究内容与方法

一、研究内容

本研究首先对宏观经济预警研究、旅游经济理论及预警研究的既有文献进行了梳理和评述，为后面介绍旅游经济监测与预警模型的设计原理、指标体系、模型选择打下了理论基础。笔者等相关研究人员在充分考虑我国旅游经济发展实际情况的基础上，确定了我国旅游经济监测与预警模型的分析框架，同时结合浙江省实地调研获取的一手数据和统计数据，初步开展了旅游经济运行景气指数运算和趋势预测等研究工作。经过近四年的实际运用，本研究相关人员将模型的分析预测结果和实际结果进行了比较，并结合相关理论明确了未来对预警模型和指标进行进一步修正与完善的方向。最后，笔者有选择地对旅游经济预警模型的实际应用成果案例进行详细分析，并对旅游经济监测与预警工作的社会影响和未来的理论发展方向作出展望。

第一章为导论，主要讨论了本研究的研究背景和研究意义，国内外关于旅游经济、旅游预警系统、景气指数和旅游生态的理论和实践方面的研究进展，讲述了本书采用的研究方法、研究内容及主要创新点和不足之处。

第二章介绍了本研究的相关概念和理论基础。笔者分别对旅游经济研究、宏观经济预警、旅游经济预警、旅游生态等相关理论研究进行了整理，阐述了基于生态的旅游经济预警系统构建所要借鉴的相关理论，并分析了旅游经济监测与预警、旅游生态效率的实践方法，为后面的旅游生态景气指数及监测预警指标体系的构建和警度分析等提供了依据。

第三章阐述了旅游生态效率测度体系构建，通过研究旅游生态效率及其测度方法与生态效率的关联，将不同测度方法进行比较研究，分析并说明本研究测度方法以及指标的选择原因，然后对旅游生态效率测度数据进行构造，主要数据包括旅游业碳排放、旅游业能源消耗量。进行估算时，旅游业碳排放主要采取自下而上的方法，将旅游业划分为两个部门进行估算，分别为旅游交通和旅游住宿。

第四章阐述了旅游经济预警系统的构建思路，说明了区域旅游经济预警系统的横向结构和纵向结构。由于纵向结构的建立主要是在横向结构的基础上叠加产生，因此书中只就横向结构的基本要素进行了讨论，将横向结构的基本要素分为统计信息系统、预警预报系统和辅助信息系统三部分，并分别描述了这三个系统的功能和内容。其后，又具体分析了区域旅游经济预警系统的构建步骤，即警情指标的选取、警兆指标的选取、确定警度测度模型、确定警度预测模型、寻找警源和制定排警措施。

第五章为本研究的实证分析部分。本书以浙江省作为案例，构建了适用于该省的旅游经济景气指数和预警系统，并通过搜集其 2010—2018 年的数据，对该地的旅游经济发展情况进行了分析，找出了旅游经济发展现实水平与期望水平之间产生偏差的原因，对制定预警措施提供了指导。同时，以政府和旅游企业为代表，基于浙江省的实证分析结果，具体就区域旅游经济预警系统和区域旅游可持续发展提出了对策及建议。

第六章为结论和展望部分，总结了本书主要研究的内容，并指出研究中存在的不足，以期为今后完善该方面的研究提供指导方向。

二、研究方法

本书在搜集、整理大量文献的基础上，分析了近年来旅游景气指数、旅游预警指标以及旅游生态效率和碳排放的研究现状，在学者和专家们研究的基础上，搭建了基于生态旅游的景气指数体系，制定了融入生态指标的旅游预警制度，并以浙江省的相关数据和实际情况为依据，验证景气指数体系和预警制度的可行性，为浙江省旅游业的可持续发展提供了理论与实践依据。本研究主要运用了以下五种方法。

（一）文献分析法

文献分析法是通过系统地分析与本研究相关的现有文献，从而获取工作信息的一种既经济又有效的方法。本研究通过搜集、鉴别、整理中国知网、万方资源、维普期刊、Science Direct、Emerald、Google Scholar 等来源的文献以及研究所需的书籍和相关网站的知识，在对文献进行研究的基础上，形成了对所研究领域的科学认识，这是研究顺利进行的主要依据。

（二）定性分析与定量分析相结合的方法

定性分析是指在一定的理论基础、认识水平和经验积累的基础上，研究者确定研究对象是否具有某种性质、变化规律或因果关联的方法。定量分析是指研究者通过运用统计、计量经济模型等对研究对象进行科学量化分析，以验证与预测研究对象之间关系的方法。在科学研究中，定性分析与定量分析应当是统一且互相补充的。定性分析是定量分析的前提，定量分析是定性分析的保证。没有定性的定量是盲目且无意义的，定量分析又使定性分析能够更加科学、切实，促使定性分析得出更为深入且有说服力的结论。本书拟运用定性分析的方法来选取旅游经济预警系统的准则层指标，以及在找出警情之后辅助提出科学的排警措施。运用定量分析的方法来对旅游景气指数模型的构建、旅游生态效率方法的确定、碳排放计算、对区域旅游经济预警系统警兆指标的选择和归类、指标的计算过程、数据的标准化处理过程及警度的测度和预测等问题进行技术处理。

（三）统计分析法

统计分析法是指通过研究对象的规模、速度、范围、程度等数量关系的分析研究，认识和揭示事物间的相互关系、变化规律和发展趋势，借以完成对事物的正确解释和预测的一种研究方法。统计分析方法是一种较为科学、准确、客观的测评方法，目前该方法得到了广泛运用。本书以浙江省为例，对其 2010—2018 年的旅游经济、社会和生态三方面的数据进行搜集、整理、分析，研究了这三者之间的关系、变化规律和发展趋势，借以完成对该区域旅游经济预警的正确解释和预测。

（四）模型分析法

模型分析法是指在经济监测与预警工作中，通过构建一些绝对值和相对值指标，采取其年度数据的时间序列，及时反映这些指标的变动情况，并根据统计模型和计算方法分析各指标的变动趋势的方法。本研究通过整理、归纳、分析相关文献，使用以移动平均法为主的综合预测方法，结合相关统计软件，对浙江省及各地市的旅游景气、旅游生态效率、预警指标进行测度，进一步提高了数据分析的科学性和自动化水平。

（五）应用检验法

应用检验法，顾名思义，即通过实际应用进行检验的方法。旅游经济监测与预警工作是一项长期系统工程，其理论研究需要经过实践检验，并且在不断修正和完善现有模型的基础上实现创新。本书包含的旅游经济主要指标时间序列、旅游产业主要指标时间序列、旅游经济景气与预警指标时间序列、旅游经济环境指标时间序列等内容通过浙江省的应用进行检验。

第四节　主要创新点与不足

一、主要创新点

（一）建立了包含生态指标的旅游景气指数系统

本书通过对景气指数指标相关研究的梳理，完成了对旅游生态景点景气特征、影响因素和运行态势的研究，并且通过信息收集、文献梳理、理论分析和实证分析，首次将生态指标纳入了旅游景气指数体系。具体而言，首先分析出七类影响因素：①经济变动和政策变化因素；②旅游产品和服务质量因素；③多样性消费因素；④景区环境破坏因素；⑤监管执法力度因素；⑥生态认识不够因素；⑦旅游时间不够因素。其次，根据这七个方面筛选出了衡量旅游景点旅游市场景气程度和影响旅游市场景气程度的指标，并首次加入了生态指标，而该生态指标是根据住宿和交通两方面的碳

排放量计算得出的。为保证其他地区可以借鉴区域旅游经济预警系统来构建当地的预警系统，本书阐述了区域旅游经济预警系统的构建步骤，并以张家界市为例对区域旅游经济预警系统的应用进行了实证研究。

（二）研究方法更具科学性和多样性

建立旅游生态景气预警系统的关键在于稳定的数据来源渠道，主要包括二手统计数据和一手调查数据。本课题获取数据的主要途径如下：一是浙江省旅游局和统计局定期发布的统计和调查数据；二是省内行业协会或行业研究组织定期发布的统计和调查数据；三是课题组定期收集的旅游景气调查获得的一手数据。其中，入境旅游人数、入境外汇收入、出境旅游人数、国内旅游收入等数据由旅游主管部门统计与提供；GDP、社会消费品零售总额、货物进出口贸易总额、人均可支配收入、旅客周转量等来自统计局的官网数据；生态数据、酒店收入、住宿率等来自课题组通过企业调研、行业协会调研等取得的数据。

二、不足之处

（一）理论基础需要加深

由于有关旅游经济影响因素等方面的研究人员还不多，在确定预警系统指标体系时只能借鉴已有的少部分学者的观点，而这部分观点尚未形成一个被大众认同的说法，因此本研究在确定预警系统指标体系时还缺乏理论支撑。在预警系统中进行警度测度和警度预测时采用的方法虽然进行了筛选，但这些方法并未对区域旅游经济预警系统进行全面分析，因此本书所采用的方法是否是最优的方法，还需通过日后的实证研究得到证实。

（二）指标体系需要完善

本区域旅游经济预警指标体系中的对象层指标是根据相关统计年鉴和城市统计信息网等数据源中所有可以获得的数据而确定的，但是影响旅游经济预警的因素（即警情指标）中有些是无法量化的，这就使得警情指标中无法包含非量化的因素。此外，就算是可以量化的指标，因为影响因素

包含的内容太广泛，获取数据的途径有限，所以可以得到的数据源中所包含的指标也并不能代表全部。随着大数据的发展，各统计部门之间的数据实现共享之后，指标体系中的对象层指标应该会得到很大改善。与此同时，在今后的研究中加强对指标体系警情指标和警兆指标的界定也是保证预警结果更准确、更科学的重要手段。

（三）数据时间段需要加长

本书在以浙江省为例进行区域旅游经济预警系统实证研究的过程中，考虑到数据缺失值的问题，只能从目前可得到的数据中选取连续 10 年的数据进行研究，而在数据规范化之后只能获得连续 9 年的数据，这就给期望值的选取带来了难度。而随着数据的不断公布，区域旅游经济预警系统实证研究的基础数据越来越多，期望值的确定也会更合理，这将使分析结果更真实、有效。

第二章　旅游经济监测与预警评价体系的理论

第一节　宏观经济监测预警

随着旅游业的急速发展以及全世界可持续发展理论的推动，旅游可持续发展思潮在世界范围内得到了广泛传播。1990 年以来，旅游组织和相关机构在各大会中先后提出了《旅游可持续发展行动战略》草案、《可持续旅游发展宪章》以及《可持续旅游发展行动计划》等文件，拟定了《关于旅游与旅游业的 21 世纪议程：迈向环境可持续发展》，编制了《旅游与环境》丛书。《可持续旅游发展宪章》中指出，"旅游可持续发展的实质，就是要求旅游与自然、文化和人类生存环境成为一个整体"。旅游可持续发展要求对满足需要、环境限制以及公平性这三重含义同时进行考虑。旅游业发展意味着通过对环境资源加以适度利用获得的经济收益来改善当地人民的生活水平，并使旅游者享受到更高质量的旅游服务和体验，满足游客需要。与此同时，旅游资源的环境承载力是一定的，这就要求人类在对旅游资源开发利用的过程中，必须使自身开展的活动在旅游环境承载能力范围内，以保证旅游资源既满足目前的旅游需要，又能满足未来的旅游需要。公平性是指旅游开发和旅游活动的开展，既要满足当代人的需求，又不能损害后代人满足其需求的能力，即在不损害当地现有和潜在旅游资源和自然环境的情况下，在环境、社会、经济三效合一的基础上实现旅游经济的持续发展。

一、宏观经济监测预警的产生与发展

宏观经济监测预警简称经济预警。经济预警（Economic Early Warning）就是对经济运行中存在的循环波动现象进行描述与预测。宏观经济监测预警系统是以经济理论为指导，以景气分析思想为理论基础，以一系列经济

指标为依据，通过数学方法构造各类景气指数和预测模型，进而对一个国家（或地区）的经济波动状况进行监测、预警的分析系统。宏观经济监测预警系统通常采用五种信号，即"红""黄""绿""浅蓝""蓝"，依次表示宏观经济处于过热、趋热、正常、趋冷、过冷等景气状态。景气分析主要是用若干指标合成的指数来反映宏观经济的波动状况。构造景气指数的目的是对经济的周期波动进行监测。产业景气监测是构建产业运行预警系统的核心内容。在市场经济条件下，要想对宏观经济实施有效调控，前提是要建立一个高度灵敏的宏观经济预警系统，对整个经济运行过程进行监测，准确识别经济运行过程中的各种问题并及时捕捉异常迹象，以便能有效地协助政府调控国民经济的运行方向，引导国民经济朝着预定的目标前进。

经济预警思想最早产生于 19 世纪末的欧洲，成型于 20 世纪初的美国，"二战"后在美国得到系统的发展。美国在 1920 年创办了全国经济研究所（National Bureau of Economic Research，NBER），并开始进行经济景气研究。1961 年，美国商务部正式将 NBER 景气监测预警系统的输出信息在其刊物《经济循环发展》上逐月发表，并从 1962 年开始发布景气对策信号制度来防止经济过度萧条。至此，经济预警系统开始正式进入实用阶段。20 世纪 60 年代，美国的经济预警系统以失业率作为判断景气的标准。1967 年，法国在美国的研究基础上增添了物价、生产、国际收支和投资等项目，制定了综合性的景气对策信号制度。接下来的几年内，日本和德国等一些发达国家均参照美国和法国的景气对策信号制度模式，制定了相应的景气警告指标。进入 20 世纪 80 年代以来，经济预警开始受到世界各国的重视，多数国家采用一组类似交通信号灯的标志，针对经济景气情况发出警告，借以提示政府采取相应的对策。为了探求经济周期波动规律，满足宏观经济管理需求，20 世纪 80 年代，我国开始对景气分析方法进行系统研究。1987 年，吉林大学系统工程研究所开始了针对我国经济循环的测定和监测。此后，国家科委、国家统计局、中国社会科学院、中国人民大学以及一些地方省市陆续展开了景气测定工作。这些研究为完善我国景气监测系统提供了重要经验，极大地促进了我国景气监测系统的建立与完善（唐小锋和李杜，2007）。1992 年，国家统计局正式建成中国宏观经济预

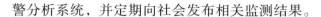

警分析系统，并定期向社会发布相关监测结果。

　　有关文献研究表明，国际宏观经济景气循环研究近年来取得了很大进展，目前主要的研究视点包括经济增长长期趋势的确定性和可变性、持续性相关、非对称性和经济周期微波化等方面（杨娥，2009）。如何利用一些新的研究方法来提高预警的精确度是世界经济学家一直努力的方向。早在 20 世纪 50 年代，NBER 机构的统计学家就开发了包含先行、一致和滞后三大指标体系的经济景气监测预警系统，并首次引入多指标信息综合分析法——扩散指数法（DI 法），其有关经济景气监测预警的基本思想和方法影响至今。20 世纪 60 年代，在扩散指数法的基础上进一步发展出了合成指数法（CI 法）。至此，在世界范围的构造经济景气监测预警模型的经典方法——扩散指数法和合成指数法得以形成。20 世纪 80 年代，随着经济计量方法的突破性进展，许多新的建模方法，如动态因子模型等被引入，以弥补传统方法的不足。其中，斯托克（Stock）和沃森（Watson）认为，经济景气循环应包括金融市场、劳动市场、商品销售市场等在内的总体经济活动的循环，所以研究景气循环就是研究这些方面多个总量经济指标的共同变动，由此在采用动态因子模型的基础上开发了 SWI 模型。国内有关经济监测预警系统的研究起步较晚，可以追溯到 20 世纪 80 年代末，20 世纪 90 年代快速发展，进入 21 世纪以来掀起高潮，具体而言，除一般学术论文研究，还出现了硕士、博士学位论文研究。其主要内容包括中国宏观经济监测预警系统构建和体系研究（顾海兵，199；课题组，1993；李世义，1992；周开士和顾海兵，1997；余根钱，2005），预警指标设计（张仲燕和籍文翠，2007；唐小锋、李杜及马润民，2009），预警模型方法研究（庞秀丽，2005；陈又星和徐辉，2010；林志华等人，2015），产业 / 行业经济预警研究（王慧敏和陈宝书，1996；郭峰，2006；张斌，2010；孟琳，2017），区域城市的经济预警研究（韩东和胡锡健，1996；安咏梅，2008；张彻，2010）等。上述研究成果尽管在内容上各有侧重，但却在宏观经济预警系统的基本原理和系统机理上基本达成了共识。宏观经济预警系统的基本原理和相关经验研究为开展旅游经济监测预警研究提供了理论依据和基本分析框架。

二、宏观经济监测预警概述

为了保证国民经济持续、稳定、协调发展，现代宏观经济调控工作需要建立在经济运行预警机制的基础上。经济运行预警机制是指由能灵敏、准确地昭示经济运行风险，并能及时提供警示的指标、机构、制度、网络或举措等构成的经济运行预警系统，其核心是构建一个经济运行景气指标体系和一个经济运行监测和预警模型。

（一）经济预警系统的主要类型

从国际管理经验来看，经济预警系统的主要类型有以下三种：第一，经济安全或经济危害预警系统，主要用于应对国际竞争；第二，经济应急或经济危机预警系统，主要用于应对自然灾害、社会事件和经济系统本身的风险；第三，经济景气或经济监测系统，主要是对经济运行本身的状况，特别是可能出现的潜在风险，进行实时监测并提出警示性建议。第三种类型是本书研究的重点。

（二）经济监测与预警系统的基本构成

经济监测与预警模型主要由信息收集子系统、信息分析子系统、信息发布子系统构成。信息收集子系统的主要任务是收集计算期内经济预警指数体系中的各级指标数据，从而形成数据库；信息分析子系统的主要任务是对数据进行分类、定性分析、定量分析，并作出相应评价和判断；信息发布子系统的主要任务是执行信息发布程序，按时发布每期经济形势分析结论。当出现经济运行警报时，上述系统同时提供预控方案，如果预控失败，则建议启动政策干预和危机处理系统。以上各子系统的运行情况，均需要形成反馈信息。

经济预警系统的基本功能是预报经济活动将来走向的景气状态，这也是预警系统的根本功能和目标。每一种景气状态都对应着一种经济运行状态，即供给和需求处于相互联系的状态。为了提供预警信号，预警系统还必须具备其他辅助功能，首先最基本的是对经济过程的监测，其次还有对监测结果的识别，即判定监测到的经济过程特征属于何种景气状态以及预示着何种景气状态。

（三）经济监测与预警流程

经济预警模型可以通过画流程图的方式来显示其主要运作系统和工作内容。在预警模型研究中心的统一指挥下，研究小组首先进行市场、行业、区域和宏观经济数据等相关预警模型的基础工作，这些数据经过预警模型处理和计算之后，形成各种经济预警指数，在与专家进行综合分析之后，形成经济形势分析报告，其中包括对经济工作的建议等。

（四）经济预警系统的功能模块

预警系统的功能包括输入、计算与输出三个模块，其中计算模块又包括指标分析、预警模型分析等子模块。

1.输入模块

输入模块由数据输入和数据处理子模块组成。目前的预警系统主要考虑量化指标。首先确定初始入选指标体系。指标体系的确立是在经济理论支撑下，根据预警系统本身的目标，以及国家统计系统可提供的数据，由专家讨论确定构成初始状态下的指标体系，然后再根据所确立的指标体系而形成数据采集系统。这一系统所收集的数据在统计口径与时间序列上应保持严格的一致性。数据处理是对数据进行正式运行前的预处理，即剔除各种非主要因素与随机因素等的影响，展现分析主体的主要因素，从而达到科学进行宏观经济预测的目的。

2.计算模块

计算模块一般由指标分析和预警模型分析两个子模块组成。其中，指标分析子模块主要对指标（变量）数据本身与指标间关系进行分析，最终完成对指标数据基本特性与指标群类组合特征等的统计分析。预警模型分析子模块主要对经济运行状态的刻画、描述、推断、评价和警情预报等进行综合性分析，并且具有对经济态势进行综合监测和预警分析的功能。

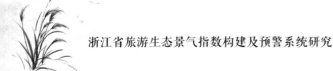
3. 输出模块

输出模块由以下四个目标子模块构成：经济监测子模块、经济预警子模块、经济调控子模块和图形绘制子模块。经济监测子模块，是对已发生的经济现象进行评价。经济预警子模块，是对经济运行中将发生的问题发出警报，而该模块的实现离不开预测和预警两部分。经济调控子模块，是通过对宏观经济特征指标进行调节，采取政策模拟方法，实现对经济运行状态的有效控制。图形绘制子模块，主要是通过图形来对所得结果进行形象、直观的分析和展现，主要包括绘制散点图、曲线图、直方图（垂直水平）以及预警信号图。前三者可在同一坐标上绘制几个指标的图形，用于单指标趋势与多指标趋势的比较分析；后者可从图上一目了然地了解景气变动情况，预测未来经济的动向。

三、宏观经济监测预警模型的指标体系设计

我国经济监测预警系统的总体目标是及时准确地反映我国经济运行情况和未来走向，揭示经济运行中的各种隐患和问题，对经济的总体状况作出评价和判断，并以直观、生动、形象的方式把监测结果展示出来，从而为政府宏观调控决策提供依据，为企业开展经济活动提供参考。我国经济运行态势是通过一系列相互联系的经济统计指标来刻画的，而运行指数就是根据这些指标来计算的。监测中国经济运行态势的指标体系的建立，不仅要遵循指标体系设计的一般原则，而且所选的指标既要有经济理论依据，又应充分反映我国经济运行机理的特殊性。

（一）宏观经济预警指标体系建立原则

第一，全面性和精练性。全面性是指全国经济运行状况主要从经济增长、需求增长、价格变动、对外经济活动、劳动就业、财政收支、金融运行等方面进行监测，且每个方面选取若干个指标用于反映其运行状况。精练性是在满足全面性要求的前提下，尽可能地减少指标体系中的指标数量，使每一个指标都发挥最大的作用，同时避免把两个信息完全重叠的指标包括进来。

第二，可靠性。可靠性主要表现在监测指标与经济总体态势之间必须有明显的因果关系，以及统计检验的显著性。

第三，敏感性。敏感性是指在经济波动的各个阶段，监测指标的取值始终会随其运行状态的改变而相应地发生明显变化。有一些对经济运行很重要的指标并不能满足这一要求，而只是在某些阶段比较敏感，如经济增长速度，在经济严重过热时往往不是很敏感；如通货膨胀率，在通货紧缩阶段的敏感性会显著下降。对于这些在某些阶段敏感性偏差的指标，在合成监测指数时必须特殊处理。

第四，相对稳定性。监测指标在经济波动各个阶段的取值应在一个较长时期内保持相对稳定。这一特性对于临界值的设计和监测指数的合成均极为重要。若监测指标的正常值在不同时期发生较大变化，那么就只能不断地调整临界值，虽然这样做并非不可以，但会导致系统的实用性明显下降，并且监测结果的客观性也会受到影响。

第五，统计可行性。统计的可行性是指监测指标的数据可通过可靠的途径及时获得，并且数据质量能满足经济监测所必需的精度要求。

（二）宏观经济预警指标体系构成

1. 反映宏观经济结构的指标体系

根据宏观经济监测的一般经验，从发生危机的发展中国家来看，其出口产品多为初级产品，而加工品的国际市场竞争力有限，同时进口产品多为替代能力差的物品。因此，应主要从 GDP 部门构成和使用构成来设计指标，旨在反映国民经济各部门对经济增长的贡献和总需求各部分对经济增长的贡献。

农业增加值占 GDP 的比重，反映农业经济规模。农业对 GDP 增长的贡献可用某期农业增加值的增加量与期初 GDP 之比来表示。

工业增加值占 GDP 的比重，反映工业经济规模和一国的工业程度。工业对 GDP 增长的贡献可用某期工业增加值的增加量与期初 GDP 之比来表示。

服务业增加值占 GDP 的比重，反映服务业规模。服务业对 GDP 增长

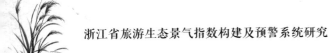

的贡献可用某期服务业增加值的增加量与期初 GDP 之比来表示。

2.反映宏观经济效益的指标体系

一国经济活动的投入表现为人力、物力和财力的投入，产出表现为 GDP。据此，我国可以从劳动、资本和科技进步及非传统因素等方面对经济增长的贡献设计指标。针对我国宏观经济发展状况及影响因素，并结合我国的宏观经济政策，我们采用综合投入产出率、综合投入边际产出率作为综合评价宏观经济效益的核心指标，并以这两个指标为核心建立了一个宏观经济效益指标体系，该体系包括八个指标。

（1）综合投入产出率（元／百元）＝总产出 ÷ 总投入。

其中，总投入 =（社会总产值－国民收入）+ 物质生产部门职工工资总额 + 农民生产纯收入。

（2）综合投入边际产出率（元／百元）＝报告期国民收入增加量 ÷ 报告期总投入增加量。

（3）宏观社会劳动生产率＝国民收入 ÷ 物质生产部门劳动平均人数。

（4）每万元国民收入消耗的能源（吨／万元）＝各物质生产部门标准能源消费量 ÷ 国民收入。

（5）生产资金利税率（元／百元）＝上缴利税额 ÷ 物质生产部门资金占用量。

（6）生产资金净产值率（元／百元）＝国民收入 + 物质生产部门资金占用量。

其中，物质生产部门资金占用量 = 各物质生产部门／固定资产平均净值 + 各物质生产部门定额／流动资金平均余额。

（7）投资效果系数（元／百元）＝国民收入增加量 ÷ 引起增加的全社会固定资产投资。计算该指标时应注意消除投资时滞的影响。

（8）技术进步经济效益（％）＝年技术进步速度 ÷ 年国民收入增长速度。

其中，年技术进步速度 = 年国民收入 ÷ 增长速度 － αx 年资金增长 ÷ 速度 － βx 年劳动增长 ÷ 速度。α、β 分别表示资金和劳动产出弹性系数。

3.反映宏观经济景气指数的指标体系

（1）宏观经济景气指数的构建

一般来讲，宏观经济景气指标体系包括先行指标体系和一致指标体系，但是本书用的景气指数体系除了先行指标体系和一致指标体系，还包括滞后指标体系。如果先行指数走出谷底，出现回升，预示着一致指数在若干个月后也会回升，即总体经济将出现复苏，滞后指数则是对一致指数的确认，也就是再过几个月以后滞后指数也会出现回升。编制景气指数最主要的目的是预测经济周期波动的转折点。一致指数反映当前经济的基本走势，由工业生产、就业、社会需求（投资、消费、外贸）、社会收入（国家税收、企业利润、居民收入）四个方面合成；先行指数是由一组领先于一致指数的先行指标合成，用于对经济的未来走势进行预测；滞后指数是由落后于一致指数的滞后指标合成，主要用于对经济循环的峰与谷进行确认；预警指数则是以上三种指数中代表性指标的合成。

由于先行指标和一致指标的主要差异是各自的变动在时间上有先有后，所以确定这种时差关系的基准，即如何选择一个基准参照系，便成为构建景气指标体系首先必须解决的问题。一般来讲，在选择这个参照系时应处于宏观经济状态。通常情况下，我们都是用GDP的变动来刻画宏观经济状态的，所以GDP自然是景气监测的基准指标。但是，我国的GDP统计数据是季度数据，而且季度GDP的核算是从1994年开始的，时间序列较短，而我们要建立的景气指标体系要求的是较长的月度数据。

（2）宏观经济景气指数预警信号

宏观经济景气指数预警信号把经济运行的状态分为五个级别，"红灯"表示经济过热，"黄灯"表示经济趋热，"绿灯"表示经济正常，"浅蓝灯"表示经济趋冷，"蓝灯"表示经济过冷。预警信号作为景气动向指数的组成部分，对于处于起飞阶段的中国经济，能够弥补一致指数不能直观描述目前经济运行状态的不足，能准确地判断当前经济究竟处于"过热""趋热""正常（稳定）""趋冷""过冷"五种状态中的哪一种，具有很好的现实意义。

宏观经济预警是指在宏观经济监测的基础上，预示宏观经济中可能出现的情况并发出警报，为宏观经济调控和决策提供依据。在现实层面，旅游经济具有综合性、关联性和敏感性的典型特征，其平稳运行和长期战略的实现也要求对产业运行景气况状进行监测并对发展趋势作出科学预测。金融等产业经济监测预警研究的原理和方法也进一步表明，从经济结构、经济内容或效益、发展环境以及总体经济态势判断的角度进行指标设计，采用合成方法展开相关产业经济监测和预警工作是有效的。因此，在回顾宏观经济预警研究的基础上，结合旅游经济理论研究、旅游产业发展的战略目标以及旅游业的季节性等产业特性，开展我国旅游产业运行预警模型研究具有了一定的理论基础，并且其对于拓展我国旅游产业经济的基础理论研究具有开创意义。

第二节　旅游经济监测预警

一、旅游经济监测预警的理论研究

总体来看，国内外有关旅游经济景气监测和预警系统的理论研究寥若晨星，但在实践层面却不乏大量由旅游组织机构和政府部门推动的旅游监测预警应用性研究和实践。目前，旅游监测预警领域的研究成果主要集中于旅游产业／行业景气分析、旅游市场周期动态分析和旅游危机预警研究三个方面。综合来看，从微观层面出发的旅游安全／危机预警研究较多，而针对整个旅游产业运行态势开展的监测预警研究较少。其中，霍松涛（2008）探讨了旅游预警系统的运行机理和系统的构建设想，提出旅游预警系统的五大子系统——旅游警情动态监测子系统、旅游警源分析子系统、旅游警兆识别子系统、旅游警度预报子系统和地理信息技术辅助子系统，旨在对旅游行业和旅游目的地的可持续发展提供可靠的保障体系。

（一）旅游产业景气研究

回顾旅游产业领域的相关文献可以发现，从供给角度出发开展的旅游产业景气研究范围已涉及旅行社业、饭店业、景区行业。从景气指数的制作方法来看，这几项研究主要采用国际通用的合成指数和主成分分析方法来制作景气指数，并将其区分为超前指数、滞后指数、一致指数。这些研究开创了我国旅游产业景气指数研究的先河，是将成型的宏观经济景气指数制作方法应用于旅游领域的有益尝试。然而，笔者在具体的分析中发现，这些研究还有很多方面待完善，主要包括现有的旅游景气指数研究中以年度为单位选取数据而导致先行指标、滞后指标、一致指标的选取失去意义，季节性特征被忽视等方面的问题。下面笔者将分别对饭店业和景区行业两个领域的景气研究进行详细回顾。

1.饭店业景气研究

在国际旅游研究领域，关于饭店业景气监测的研究主要是郑吉财（Jeong-Gil Choi）（1999）针对美国饭店业 28 年间的景气循环进行了分析，以饭店业收入作为分析指标，分别使用绝对值循环和增长率循环方法，得出美国饭店业存在三个景气循环周期的结论，并通过比较研究发现，饭店业的景气循环转折点领先于一般商业景气循环的峰谷点，反映了饭店业对经济周期变化的敏感性。随后，郑吉财（2003）针对美国饭店业进行了能对产业增长和转折点加以预测的经济监测系统的研究。笔者根据美国国家经济研究局经济周期转折点预测准则，利用统计相关性方法，设计了包含 12 个先行指标、10 个滞后指标和 10 个一致指标的饭店业监测系统，而检验结果表明，该系统是个很好的预警工具。

在国内的旅游研究领域，饭店业预警是近几年才开始的。戴斌等人（2008）按照现代经济周期理论，在深入分析影响饭店业景气因素的基础上，构建了中国饭店业景气指标体系；运用主成分分析法，编制了饭店业的综合景气指数；对我国近 20 年饭店业景气指数作了实证分析。游灏等人（2008）的研究在深入分析星级酒店业景气波动影响因素的基础上，构建了星级酒店业景气波动的评价体系，并对上海星级酒店业近年的景气状况进行了实证研究。阎霞（2008）的硕士学位论文结合饭店业特性，试图构建

饭店业景气的研究框架，同时尝试构建饭店业景气的模型及测量方法，以此计算中国饭店业的景气指数。秦炳旺（2009）的硕士学位论文在构造我国经济型酒店景气指数方面进行了初步探讨，详细阐述了我国经济型酒店景气指数编制的步骤，包括选取指标体系，选择基期，消除不确定性因素，建立数学模型，建立预警机制，然后结合经济型酒店网站发布的景气指数进行实证研究。张斌（2010）在已有研究的基础上，依据经济预警指标体系设计理论以及饭店业、旅游业、宏观经济统计数据的实际情况，从饭店业内部协调关系、饭店业市场供求协调关系、饭店业与相关产业经济协调关系、宏观经济环境四个方面初步选取 29 个警源指标，然后根据经济预警"明确警情，寻找警源，分析警兆，划分警限，提示警度"的逻辑顺序，构建了基于改进 BP 算法的饭店业经济预警系统，并予以实证研究。

2.景区行业景气研究

陈一静（2008）在硕士学位论文中提出，发展模式对旅游景区发展的影响最为深刻，会影响旅游景区发展的整体效应，同时其选择了"滞后型发展模式"和"超前型发展模式"特征较为显著的什刹海景区与云台山景区对比分析不同发展模式下的景区情况。在旅游景区景气指数指标的选取方面，最终确定主导行业运营指数、影响力指数、业态指数、人气指数、人文和谐指数等共同构成旅游景区景气指数体系。通过上述旅游景区景气指数，分别对两个景区旅游发展的整体效应进行了定量测度。

孙赫、王晨光（2015）构建了山东省旅游景区景气指数指标体系，对 2014 年第一季度山东省旅游景区的企业家信心指数及景区经营状况指数进行了具体分析，确定影响旅游景区景气指数的要素为 3 个二级指标和 13 个三级指标，并给出了山东省某季度的旅游景区景气指数。

（二）旅游市场景气研究

旅游需求的敏感性较为突出，因此旅游市场的周期波动特征较早也较多受到关注。匡林（2000）通过国际游客接待人次这一指标考查了世界旅游业和中国旅游业周期波动特征，认为 20 世纪 90 年代以前，中国旅游业波动状况的特征可概括为"振幅高、锋位高、波谷深、平均位势高"，反映在旅游市场上就是"在大波大折和大风大浪中，在较高年均增长率上，取得发展"；20 世纪 90 年代以来，中国旅游业波动状况的特征可概括为"低振幅、中波峰、高波谷、中波位"，反映在市场上就是"在稳定中赢得较高水平的增长"。但在国内旅游逐渐居于主导地位的旅游发展阶段，仅以入境旅游人数变化来推断我国旅游业的整个市场规模有失偏颇，其他效益型和结构型指标及行业景气指数等更应该成为旅游经济周期波动监测的重点指标。进入 21 世纪以来，不仅我国旅游产业主体的市场特征日益明显，随着旅游市场的开放程度加大，影响旅游需求的国内外因素也更为复杂，而旅游市场波动的经济、社会影响却在加深，因此对旅游业进行监测和预测具有十分重要的现实意义，同时进行相关的理论研究更为迫切。

韩东林（2006）沿用匡林（2000）的研究方法，通过国际旅游收入年增长率这一时间序列指标的变动规律来判断我国国际旅游市场的波动周期特征，得出了与匡林（2000）的研究方法不同的周期波动划分阶段，认为中国国际旅游市场总是呈现出"大起大落"的趋势。其对策研究提出，要促进中国国际旅游经济健康稳定发展，旅游管理部门要发挥良好的调控作用，旅游研究部门要深入研究波动的规律性。倪晓宁、戴斌（2007）利用1985 年至 2005 年的数据，采用合成指数方法构建并估算中国旅游市场景气指数，以期为政府管理机构和企业准确判断旅游产业的发展并预测未来的动向、制定相关的调控政策提供依据。雷平（2009）的研究也指出，旅游业不仅是高增长产业，也是高波动产业。为准确描述中国入境旅游市场的周期性波动，提高行业监测与预警能力，其研究以外国游客入境旅游市场为对象，根据中国的外国游客客源国结构，从中国及主要外国游客客源国和世界宏观经济数据中选择了先行指标、一致指标和滞后指标，应用 HP滤波方法构建了中国基于增长循环的外国游客入境旅游市场合成景气指数（CI），并分析了不同周期的主要成因。研究表明，与成熟旅游国家相比，中国的外国游客入境旅游市场影响因素有较大差别，因公务目的来华旅游的游客占相当大的比例，而且突发因素的随机冲击对我国入境旅游市场景气周期的影响显著，应引起行业经营与管理人员的高度重视。王新峰（2010）也采用合成指数法对中国旅游市场景气状况进行了初步研究，结果

发现 20 年间中国旅游业综合景气指数一直呈现平稳的发展态势，但由于统计数据比较缺乏，编制基于月度数据的旅游景气指数尚存在困难，而基于年度数据的景气指数反应不够灵敏，对一些短期波动并不能够显示出来。

相关英文文献中也是以入境旅游市场为研究对象进行市场景气分析和预测研究较多。其中，陈明祥（2012）的研究依据马尔科夫模型，以入境游客接待量为指标，测量了美国 1996—2011 年间的旅游景气循环特征，结果发现美国旅游景气循环特征具有两种状态：第一，增长具有非对称性，高增长状态持续的时间（6 个月）是低增长状态（3 个月）的 2 倍；第二，高增长状态的稳定性远大于低增长状态。当前，美国旅游产业景气从高增长状态向低增长状态转换的概率是 17%，反之，则为 35%。也有研究者将先行指数预测方法应用到了旅游目的地旅游需求预测中，通过单变量 ARMA 模型、误差修正模型等对预测结果的精确性进行了比较分析，涉及的先行指标包括客源国居民收入、人均可支配收入、GDP 外汇汇率、相对价格、失业人数、工业产值、货币供应量、进出口等（特纳等人，1997；纳兰、斯蒂芬·维特，2003）。海梅·罗塞洛·纳达尔（Jaume Rossello Nadal）（2007）针对巴利阿里群岛上的 67 个市从消费主义或消费行动、生态管理、法律行动、政治行动等几个方面对旅游中的环境行为进行研究。其研究结果表明，已有研究通常使用计量模型和时间序列方法对国际游客接待量进行预测，存在一定的不确定性，而通过宏观经济指标设计的先行指数预测准确性较好。

（三）旅游危机预警研究

近年来，随着人们对旅游安全事件的日益关注，在旅游研究领域产生了大量有关旅游安全、危机预警的研究（布鲁斯·普利多等人，2003；任学慧、王月，2005；赵怀琼、王明贤，2006；李树民、温秀，2009；谢朝武，2010）。突发事件对我国入境旅游市场影响巨大，而经济指标的合成指数难以对此提前反映，因此在旅游经营与管理中，应加强对危机与突发事件的研究（王新峰，2010）。布鲁斯·普利多（Bruce Prideaux）等人（2003）的研究对比了印尼 1997 年以来的入境旅游预测结果和实际结果，发现因屡次受政治经济危机影响，人们很难利用目前的预测方法得出预测结果，于是提出未来的旅游预测应该对旅游业环境、政治风险等给予充分考虑，同时结合混沌理论的方法显然比较合理。在我国，由于旅游业起步晚、发展时间短以及发展稳定等原因，人们在很长时间内忽略了危机事件对旅游行业的冲击。随着国内市场需求不断扩大、与世界旅游市场的交融加深，各种突发性事件对国内、国际旅游业的冲击加大，而旅游业自身又是一个对需求高度敏感的行业，因此缺乏准备的旅游业在危机面前遭受损失就成了意料之中的事情。温秀（2004）的学位论文从 SARS 对国内旅游的影响冲击入手，以大量数据和事实分析了旅游危机对行业的冲击，并从行业内部、历史和社会三个角度阐述了引发危机的因素，从而为预警机制建构提供了前提。吕琨（2009）在相关理论研究和实证调查的基础上，分析了构建旅游业危机预警系统的目标，确定了预警的指标体系、评价标准、危机等级及处理预案，并针对政府、旅游业管理部门和公众三个方面提出了构建旅游业危机预警体系的组织对策。也有研究者关注了特定旅游市场的安全预警问题。例如，滕玮峰（2006）认为，旅游安全预警对降低旅游风险具有重大意义，其研究结合相关研究和国外旅游发达国家的经验分析，认为我国境外旅游预警迫切需要划分层级。同时，其从旅游主体角度出发，分析和诠释了旅游预警应强调政治和治安预警、健康预警相关内容。部分研究者还从微观企业运营的角度关注了企业危机预警问题（李锋，2007；刘畅等人，2009；刘红芳，2009）、旅游财务预警（殷正坤，2009）等问题。总的来看，关于旅游危机预警方面的研究，当前以危机预警机制的定性探索为主，经验研究层面预警指标的设计则根据具体研究对象的不同而变化较大。

　　总体上从文献的分布范围来看，从需求角度探索旅游市场景气特征的研究较多，而从供给角度探索旅游产业运行监测和预警的研究较少，综合供需两方面影响因素展开的旅游经济监测预警研究基本上处于空白阶段；从危机事件防范角度研究旅游业预警机制的文献较多，而针对旅游经济运行实时监测预警研究的文献较少。多数研究仍停留在构建预警机制的理论分析框架层面，在理论研究基础上开展实证研究的文献较少，但很有必要

对已有旅游预警经验研究成果中的旅游预警指标体系设计方法和指标范围进行归纳总结（表2-1），为进一步开展旅游经济监测预警系统研究提供可借鉴的参考资料。此表从预警指标的内容来看，同时涉及了宏观经济范畴和旅游经济范畴；从数据类型来看，以定量数据为主，定性数据的使用较少；从数据来源来看，主要以现有统计数据为主，缺少一手调查数据，尤其是景气调查数据的使用。旅游经济的多层次性和复杂程度决定预警指标体系的设计必须兼顾各种类型、各种来源数据的综合运用才能反映经济运行的全貌。

表2-1　旅游预警指标体系设计方法和指标范围

研究内容主题	分析对象	主要旅游经济统计指标	主要宏观经济统计指标
旅游产业景气研究	饭店业	饭店业总收入；饭店业上市公司股市指数、入住率、总建筑面积、固定资产原值、饭店业贷款利率、新增客房数等（郑吉崔，2003）；国内/国际旅游收入（阎俊，2007）；城镇居民出游率、城镇居民人均花费、饭店业全员劳动生产率、人均实现利润、人均占用固定资产原值、固定资产原值、百元固定资产创营业收入、床位数、平均房价、从业人员数等（游灏等人，2008）；饭店平均价格、经济型酒店平均建造成本、经济型酒店总资产/资产利润率/销售利润率等（秦炳旺，2009）；饭店业全员劳动生产率、餐饮占营业收入比重、城镇饭店业开发投资额、旅游消费价格指数等（张斌，2010）	美国股市交易指数；服务业GDP；工资水平；可支配收入的储蓄率；消费者信心指数；服务业居民总消费；GDP、就业人数、工时量等（郑吉崔，2003）；社会消费品零售总额、最终消费支出、资本形成总额、客运量总计、人均国内生产总值、职工平均货币工资（阎俊，2007）；进出口贸易总额、城镇居民家庭恩格尔系数、城镇居民人均可支配收入、城乡居民储蓄存款额、汇率等（游灏等人，2008）；国家财政收入/支出总额增长率、居民消费价格指数、城镇固定资产投资总额等（张斌，2010）
	景区行业	行业集中度；景区各项收入和就业构成指标；国际游客占比；单位时间客流量；首访率等（陈一静，2008）	房产均价；多项环境指标（陈一静，2008）

研究内容主题	分析对象	主要旅游经济统计指标	主要宏观经济统计指标
旅游市场景研究	市场	国际游客接待人次（匡林，2000）；云南入境旅游人次（左冰，2002）；国际旅游收入（薛东林，2006）；国际/国内旅游收入、国内/入境旅游人数等（倪晓宁和戴斌，2007）；国际/国内旅游收入、国内/入境旅游人数、国内旅游人均花费等（王新峰，2010）；外国游客入境旅游人次/外汇收入（雷平，2009）；入境游客接待量（陈明祥，2012）	GDP、居民消费支出、全国居民消费水平、固定资本形成总额、外商直接投资实际利用额、城乡居民人民币储蓄存款（倪晓宁、戴斌，2007）；住宿和餐饮业增加值、城镇居民人均可支配收入、城镇居民家庭恩格尔系数、货物进出口贸易总额、邮电业务总量、旅客周转量、客运量、城镇人口比重、社会消费品零售总额、汇率、财政支出（王新峰，2010）；客源国人均收入、汇率（纳特等人，1997）；定资产投资、进出口、世界原油价格指数等（雷平，2009）

二、旅游经济监测预警实践

（一）国际组织旅游经济监测预警实践

1. 世界旅游竞争力指标

世界旅行旅游竞争力年度报告（The Travel & Tourism Competitiveness Report，TCR）是由世界经济论坛（达沃斯）通过其航空、旅行和旅游业这一产业合作项目（Aviation，Travel & Tourism Industry Partnership Programme）对世界旅游经济做的深度分析报告，其核心内容是旅行旅游业竞争力指数（Travel & Tourism Competitiveness Index）的发布。为其指数设计提供行业数据和信息支持的合作伙伴包括世界旅游组织（UNWTO）、世界旅游旅行理事会（WTTC）、世界自然保护联盟（IUCN）、国际航空协会（IATA）、德勤有限公司（Deloitte）、战略规划合作伙伴博思咨询公司（Booz & Company）和数百个旅行旅游企业以及旅游机构等。其还有一个重

要数据来源就是高管层意见调查（Executive Opinion Survey），主要通过问卷调查的形式收集质性数据。从 2008 年开始至今，每年都会发布一次年度报告。相关指数描述了 139 个国家和地区的旅游竞争力状况，旨在提供一个能够衡量不同国家和地区旅游业发展环境和政策竞争力大小的综合战略参考工具。相关指数通过 70 多个指标、3 大类指标体系对不同国家和地区旅游业的竞争力进行评价和排名。涵盖的 3 大类指标体系包括：①反映旅游业环境规制的指标类别；②反映旅游业商务环境和基础设施情况的指标类别；③影响旅游业发展的人力、文化和自然资源指标类别。这 3 大类指标体系下的具体指标又被用来刻画反映竞争力大小的 14 个一级指标，它们分别是政策和产业规制、环境的可持续性、安全保障、健康卫生、旅行和旅游业的产业地位、航空交通条件、地面交通条件、旅游基础设施、信息通信设施、旅行和旅游产品价格竞争力、人力资源、旅游产业的开放性和吸引力、自然资源和文化资源。每个一级指标又由数个二级指标协助来测度。2019 年国际旅游竞争力评价中，中国大陆在 139 个国家和地区中综合竞争力排名第 13 位。

2. 旅游卫星账户（TSA）

旅游卫星账户是对特定国家和地区旅游业发展的经济社会影响进行定量监测和全面评估的重要方法。由于侧重于影响评估，它对旅游经济的监测在时间上具有滞后性，但考察性质的评估指标体系对于我们开展旅游经济运行实时监测预警研究仍具有重要意义。早在 20 世纪 70 年代中期，法国就提出了以需求和预测为重点的旅游卫星账户概念。经济合作与发展组织（OECD）于 20 世纪 80 年代初开始寻求相应的统计工具。20 多年以来，在国家一级建立旅游卫星账户，以及为这种概念和分析框架拟定国际建议，一直被列入全世界旅游统计学家的议程。在认识到旅游专有特征的情况下（不只是描述游客，还有游客消费的交通、膳宿、食品服务，旅游服务人员的活动等），旅游统计学家还很快认识到，旅游的描述和分析不能脱离其更宽泛的社会经济背景。旅游卫星账户基本上是用来从宏观经济角度了解旅游业的概念性框架，主要是对旅游的不同形式（入境游、本国游和出境游）进行描述和计量，还突出了游客消费和经济体（主要为旅游行业）的货物及服务供应之间的关系。有了该工具，研究人员就可以估算旅游国内生产总值，确定旅游对经济的直接贡献，并根据旅游卫星账户和国民账户体系及国际收支之间的内在关系，制定更复杂和更详尽的方案。2000 年，世界旅游组织、欧盟统计署等联合发布了《旅游卫星账户：建议的方法框架》。历经实践和有关国际组织的论证和完善，旅游卫星账户已成为国外政府普遍认可的核算方法。截至 2006 年底，已有 70 多个国家和地区完成和着手进行旅游卫星账户的编制工作。我国一些省，如江苏、广西等在全国旅游主管部门开展相关工作的基础上开展了地区编制工作。此外，世界旅游理事会（WTTC）联合英国剑桥经济研究中心为世界许多国家编制了模拟旅游卫星账户，它的核算范围涉及游客个人消费、商务旅游消费、公务旅游消费，还包括政府公共旅游消费、旅游业固定资本形成等。由游客消费所带来的增加值被定义为旅游产业增加值，由所有旅游需求所带来的增加值则被定义为旅游经济增加值。后者数据大于前者。另外，不同版本的 TSA 目的不同，一个完整的 TSA 将提供宏观经济总量，如游客消费、旅游消费所产生的旅游业增加值、旅游就业等，游客消费的详细数据，旅游业的详细生产账户，旅游活动与其他生产活动的联系等。尽管 TSA 侧重于旅游产业在国民经济中的地位和影响的静态分析，与旅游经济运行动态监测有一定区别，但它所提供的旅游产业核算体系和对产业分类等方面的界定和测度方法对我们的研究仍不失参考价值。

（二）国家旅游经济运行监测指数

美国旅行协会（U.S. Travel Association）是一个全国性的非营利性组织。它从美国旅行业影响力的角度发布全国和各个州的旅行力指数（Power of Travel）。该指数主要由四个经济指标构成：旅游支出、税收收入、旅游就业数量、旅游就业人员工资总额，并通过地标表示的形式直观、动态地显示。另外，其还提供主要客源市场的游客数量和收入等历年数据。除该类量化经济指标外，该数据中心还提供相关的定性分析，涉及旅游产业的非经济影响。而且，该中心提供的数据基本都是年度数据。此外，美国旅行协会还与经济咨询公司合作，对美国旅游产业的运行进行月度追踪分析和数据发布。其旅游经济信息监测内容主要分为宏观经济、旅游产业绩效、

旅行市场趋势和旅行预期四大领域，同时其发布的主要指数包括月度旅行先行指数和需求指数、季度旅行意愿指数和其他相应的旅行市场和产业绩效指数。

加拿大旅游局也按季度发布全国旅游业指数（National Tourism Indicators NTI），为加拿大旅游业的经济活动及其他相关活动分析提供有力支持，着重从供给和需求两个角度进行监测。前者包括交通运输业、住宿业、餐饮业和休闲娱乐业，后者包括加拿大国内和海外游客需求，以及旅游需求创造的就业和 GDP 等方面。此外，汇率、通货膨胀率等影响旅游产业发展的环境因子也是该指数监测的领域。其数据主要来自加拿大统计局，由于数据获取具有时滞性，季度数据一般会迟于当季 3 个月发布。而 NTI 也是加拿大旅游卫星账户建设的重要年度、季度数据来源。

中国旅游经济运行监测实践也在顺利进行着。近年来，鉴于旅游业在各省市和地区经济中被定为支柱产业、主导产业等，为了有效、及时掌握当地旅游产业的运行状况，不少地区和城市已经开展了旅游市场、旅游产业运行方面的跟踪监测活动。具体情况如表 2-2 所示。

表 2-2　国内旅游经济运行跟踪与监测

序　号	地　区	开始时间	发布频率	发布主体
1	安徽	2007 年	月度、半年度	省局规划发展
2	浙江	2003 年	季度、半年度、年度	省局政策法规
3	河北	2010 年	季度	省旅游行业协会
4	山东	2009 年	年度	省局
5	福建	2005 年	累计月份、年度	省局
6	广西	2010 年	半年度、年度	省局政策法规处
7	江西	2009 年	年度	省局
8	四川	2002 年	月度、年度	省局
9	陕西	2010 年	累计月份、半年度	省局

续　表

序　号	地　区	开始时间	发布频率	发布主体
10	云南	2009 年	年度	省局
11	合肥	2010 年	半年度	合肥市旅游局
12	三亚	2006 年	季度	三亚旅游局
13	景德镇	2008 年	季度、年度	景德镇旅游局
14	神农架	2008 年	年度	湖北统计局
15	成都	2003 年	半年度	成都旅游局
16	昆明	2009 年	月度、季度	昆明市旅游局
17	丽江	2005 年	半年度	丽江旅游局
18	长春	2005 年	半年度	长春市旅游局
19	厦门	2005 年	半年度、年度	厦门市旅游局

整体来看，国内各机构、各部门发布的旅游经济运行报告多数是以入境旅游市场数据为主，在年度分析的时候虽包括国内旅游市场数据，但缺乏产业基本面的数据和分析预测方面的内容。同时，现有的旅游经济监测系统大多建立在对相关指标进行简单描述性统计分析的基础上，缺乏科学严谨的经济理论模型基础，也不能真实反映旅游经济运行的全貌，更难对未来运行状况作出准确预测。部分国际旅游组织和旅游机构在经济监测和预警方面已经作出了类似合成指数、景气调查等具有一定经济景气分析理论基础的应用性研究，尤其是预警方面有关先行指标的设计对有效预测旅游产业经济的运行动态具有很强的指导意义。但从总体来看，对以具体国别和整体旅游产业为基本分析单元展开的系统研究较少，且针对中国的景气监测或者竞争力评价建立的数据基础不够翔实、全面。

（三）知名旅游咨询机构行业监测系统

除上述国际旅游机构对全球旅游业从不同角度进行的经济监测和评

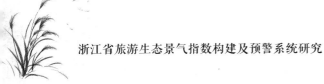
估外，全球知名旅游咨询机构也定期发布针对产业运行或者市场景气的研究报告。从事全球酒店咨询业务的浩华管理顾问公司（Horwath HTL）数年来定期发布全球酒店市场年度报告。此外，浩华管理顾问公司还根据全球酒店经营者所做的景气调查，每年发布《全球酒店市场景气调查报告》。《全球酒店市场景气调查报告》所发布信心指数涉及的主要酒店经营指标包括入住率、平均房价和总收入三项。浩华管理顾问公司还与中国旅游饭店业协会合作，从 2003 年起每年发布《中国饭店业务统计》。华盛国际（HVS）作为全球最大的酒店咨询和投资服务公司，每年发布有关评估酒店、分时度假产业、餐馆以及其他旅游服务业方面的研究报告。其中，其发布的酒店估价指数（HVI）目前已成为行业的基准，酒店业界都以这一指标作为判断标准来考察酒店客房单元的市场价值在不同市场上的波动趋势。STR Global 则在全球范围内追踪 1 300 多个酒店市场的经营业绩表现，STR Global 提供了一套完整的酒店标杆数据产品，与全球数以万计的酒店、酒店运营者、银行、酒店开发商、行业顾问及媒体共享各个主要市场的运营监测数据。它每月发布包含入住率和平均房价在内的全球酒店指数，对全球酒店市场景气状况进行动态监控。此外，STR Global 还针对重点区域酒店市场进行动态监测，如针对美国市场，每月发布两次酒店投资晴雨表（Hotel Investment Barometer）。

现代经济周期理论认为，经济波动源自经济内部和外部的各种因素。外部变量随机或周期性的变化也会使旅游经济运行遭受外部干扰和冲击，而旅游经济内部的自我调节机制或自我推动力量能够对外部干扰起到平抑或者传导扩大的作用。要想促进我国旅游业平稳、快速发展，构建科学、系统的旅游经济实时监测预警系统刻不容缓。回应前述文献研究，总体来看，国内外有关旅游经济监测预警的研究尚处于起步阶段。在实践方面，各大旅游机构和旅游企业等纷纷进行景气监测和预警实践及相关的应用性研究，而学术层面的理论研究相对滞后。当前国内外旅游景气研究成果更侧重于对入境旅游的监测预测分析，这意味着对于国内旅游居于主导地位的我国旅游业来说，加强包括各个市场层面的旅游经济运行监测预警研究是很有必要的。尤其我国旅游业当前正处于大众旅游发展的初级阶段，旅游产业和市场亟待转型升级，加强政府对旅游业的宏观调控，定期发布旅游景气指数和预警信号，对于旅游产业的平稳增长、企业的健康成长、加强整个产业对风险和危机事件的抵御能力具有重要意义。

国内有关旅游业景气指数的研究不多，仅有的少数旅游景气指数文献也存在着一定的缺陷，如研究成果之间的指标从属逻辑混乱，往往得出矛盾的景气判断结果；即使在评价中采取了一些较复杂的评价方法，也缺乏多种方法的有效融合；在评价结论上，学者们导出的景气指数结论互相矛盾，甚至自相矛盾，缺乏让人信服的结论（王新峰，2010）。虽然宏观经济领域景气监测预警手段具有通用性，但是考虑到旅游产业的特殊性，很难有一种单一的预测方法能显示出独特的优势，但通过回顾文献不难发现，景气指数法是一种实证的景气观测方法，尤其是合成指数法已经在宏观经济领域和其他行业实现了成功应用。可以说，当前我国宏观经济层面的预警实践对旅游经济预警提出了一般要求，我国旅游业已经进入大众旅游发展阶段的产业现实使旅游宏观调控和分类指导成为可能，而开展旅游经济预警实践正是宏观调控的核心内容。因此，加强旅游经济监测预警方面的理论研究已经成为推动我国旅游产业发展的重要学术任务，也是在我国旅游经济从数量向质量增长转型的历史背景下，适时构建当代旅游发展理论体系的重要内容。

第三章　旅游业生态效率及预警研究

关于旅游业生态效率的测度已经发展得较为成熟，测度方法主要分为两类：第一类是引用世界可持续发展工商理事会（WBCSD）关于生态效率的定义，即生态效率是产品或服务的价值与环境影响的比值，通过比值法来测度生态效率；第二类是基于投入产出模型，引用生产率的测度方法来评价生态效率。在旅游业生态效率测度中，由于旅游业并非国民经济当中的常用账户，因而相关数据的缺失使得对旅游业生态效率的测度主要以比值法为主，尤其是单一比值法。本研究将旅游业生态效率测度的方法运用到旅游生态指标的确定上，最终作为旅游预警指数体系的一个组成部分。下面将对旅游业生态效率测度的方法、统计指标的选择进行简要阐述。

第一节　旅游业生态效率和碳排放理论研究

一、旅游业生态效率研究进展

（一）旅游业生态效率提出及其概念

旅游业生态效率是既生态效率提出后学界将其应用于旅游领域的又一概念，同时是对生态旅游、可持续发展旅游、绿色旅游等概念的进一步发展。旅游业生态效率的提出使得对于旅游可持续发展的测度成为现实。生态旅游源于生态性旅游，由世界自然保护联盟（IUCN）特别顾问谢贝洛斯·拉斯喀瑞提出，经过多年的发展，已基本形成三大核心理念，即保护、负责任和维护社区利益。可持续发展旅游是指在满足当代旅游者及本地居民需要的同时，保持和增加未来的发展机会，即在推动旅游的同时对当地经济、环境和文化产生积极的影响。绿色旅游则是以自然环境为资源基础，以保护环境和合理使用旅游资源为责任，具有强烈环保意识的一种旅游活

动。通过以上概念可以看出，不论是生态旅游还是可持续发展旅游以及绿色旅游，都强调对环境的保护和对资源的合理利用。

旅游业生态效率继承了生态效率、生态旅游、可持续发展旅游、绿色旅游的核心理念，强调旅游活动应达到两个目的：第一，旅游对环境的影响最小化，即旅游活动应尽可能减少能源消耗，以降低对环境的影响；第二，旅游对经济的影响最大化，即在消耗同等能源量的基础上，尽可能多地增加旅游增加值。

现有的研究中，明确提出旅游业生态效率概念的研究数量有限。其中，戈斯林（Gossling），（2005）、李鹏（2008）、肖建红（2011）、蒋梅素（2014）、姚治国（2013）、甄翌（2013）等人借鉴了WBCSD关于生态效率的定义，认为旅游业生态效率是衡量旅游发展与环境影响比例关系的重要指标，并用旅游过程中二氧化碳排放量与旅游收入的比值来表示旅游业生态效率。吕永鹏（2007）、程莉（2014）则用生态足迹替代二氧化碳排放量来计算旅游业生态效率。章锦河（2004，2008）在对黄山、九寨沟风景区的旅游废弃物生态影响进行评价时，以二氧化碳排放量与旅游收入的比值来表示旅游业生态效率，同时对消解这些二氧化碳的生态足迹进行了测算。

尽管对旅游业生态效率直接研究的文献较少，但是有关旅游业环境影响的文献却较多。旅游业生态效率的一个关键测度指标是环境影响，即通过二氧化碳排放量或旅游生态足迹（Touristic Ecological Footprint，TEF）对环境的影响进行表征。其中，旅游业二氧化碳排放则是指旅游过程中由旅游者消费、相关企业经营活动等所产生的二氧化碳排放量。旅游生态足迹是生态足迹分析法（Ecological Footprint Analysis，EFA）在旅游业中的应用，是指在一定的时间与空间内，由旅游活动所引起的资源消耗及废弃物消纳所需要的生物生产性土地面积。旅游生态足迹与二氧化碳排放量的测算为旅游业生态效率的测度及评价奠定了良好基础。

（二）旅游业生态效率研究现状

生态效率的重要应用领域就是旅游业。从既有成果来看，关于旅游业生态效率的研究大致集中在两个方面：第一，关于旅游业生态效率的测度研究；第二，关于旅游业生态效率在目的地管理当中的应用研究。

戈斯林（2005）是明确提出旅游业生态效率的第一人，他通过单一比值法比较了美国落基山国家公园、法国、荷兰阿姆斯特丹、塞舌尔、锡耶纳等旅游目的地的生态效率，并提出以下观点：①旅游活动并不比其他经济活动更具环保性，如锡耶纳每创造一单位的增加值所产生的二氧化碳排放量是世界平均水平的 7 倍；②旅游业的不同产业部门之间生态效率差异较大，在研究中可将旅游业碳排放分为三个部分，分别是旅游交通、旅游住宿和旅游活动，如落基山国家公园这三者的生态效率分别是 4.94、0.45 和 2.12 ；③旅游业生态效率受到多个条件的影响，如客源地、旅游者文化、度假环境和旅行距离等。

珀奇·尼尔森 Perch-Nielsen 等人（2010）利用旅游卫星账户，采用自上而下和自下而上两种方法对瑞士旅游业温室气体排放进行了测算与对比，其中温室气体排放量以碳排放量进行表征。研究结果显示：①自下而上计算得到的旅游业碳排放量是 229 万吨，自上而下计算得到的旅游业碳排放量是 262 万吨；②旅游卫星账户中旅游业的 13 个部门碳排放强度差异较大，其中航空交通碳排放强度最大；③瑞士旅游业碳排放强度是其他经济部门的 4 倍，远远高于奥地利、西班牙、瑞典和英国。由于他们在研究中将碳排放强度界定为旅游业二氧化碳排放量与旅游业增加值的比重，这与旅游业生态效率内涵一致，因此可以将其等同为旅游业生态效率。

（三）旅游生态足迹理论

旅游生态足迹是生态足迹理论在旅游业领域的具体应用。旅游生态足迹是指在某一国家或地区范围内，吸纳一定数量游客在旅游活动中所产生的能源消耗所需要的生物生产性土地面积。旅游生态足迹是将游客在旅游活动中所产生的资源和能源的消耗，通过可感知和量化的方式表示出来的一种方法。按照旅游者的消费类型，可将旅游活动所产生的资源消耗对生态环境造成的影响划分为餐饮、住宿、交通、观光、购物和娱乐六个部分。

其中，旅游餐饮生态足迹的测度主要由三部分构成：①旅游餐饮企业

及设施所需建成地的面积；②在旅游活动中，游客消耗的各类实物所对应的生物生产性土地面积；③经过转换后，游客所消耗的能源所对应的化石能源地面积。旅游餐饮生态足迹模型如下：

$$TEF_{\text{food}} = \sum S + \sum (N \times D \times C_i / p_i) + \sum (N \times D \times E_j / r_j) \qquad （3-1）$$

其中，TEF_{food}——旅游餐饮生态足迹；S——各类餐饮企业及设施的占地面积；N——接待游客人次数；D——旅游者平均旅游天数；C_i——人均每日游客所消费的第 i 种食物的数量；P_i——生物生产性土地的年平均生产力；E——人均每日游客所消费的第 j 种能源的数量；r_j——世界上第 j 种能源的单位化石燃料生产土地面积的平均发热量。

（四）旅游生态效率理论

"生态效率"概念来源于生态学，是指在生态系统中，不同营养级的生物对太阳能或上一营养级生物所含能量的利用、转化效率。"生态效率"从字面上理解，可从两个方面展开，即经济效益与生态（环境）效益。其内涵在于"兼顾"，即在满足经济效益的基础上避免或减少对生态环境的负面影响。国外学者大多将"生态效率"定义为"Eco-Efficiency"。1990年，沙尔特格（Schaltegger）和史图姆（Stum）两位学者首次在学术界提出生态效率的概念，将其定义为"经济增值与环境影响的比值"，即具有竞争力的优质商品或服务满足人类生产生活的同时，降低生态影响和资源消耗。他们提出的这一概念不但迅速得到了学术界的关注与认可，而且创造性地将生态环境影响因素融入了经济效益考量中，并以定量计算的方式直观阐释其程度，这成为对经济社会可持续发展研究的新方向。2016年，《旅游学刊》对旅游生态效率的专题讨论引发了旅游学者对旅游生态效率研究的普遍关注。2016年，我国旅游业对国民经济贡献达到11%，对社会就业综合贡献达到10.26%，旅游业已经融入经济社会发展全局中，成为国民经济战略支柱性产业。推动旅游业可持续发展，实现旅游生态文明建设成为我国实现"五位一体"建设的重要组成部分。旅游生态效率是生态效率在旅游产业上的引申，其强调旅游产业发展的双重目标，即在实现旅游经济效益最大化的同时，实现旅游活动对生态环境影响的最小化。本书将其定义为旅游活动对生态环境影响与旅游经济效益的投入产出比。旅游生态效率的研究与测算，不仅为旅游业发展对国民经济持续健康发展的贡献提供佐证，而且为更好地实现旅游产业的可持续发展提供了方向上的指导。

二、旅游业碳排放研究进展

从本研究前面的综述来看，旅游业碳排放量的估算是旅游业生态效率测度的一个重要内容，这主要是由于旅游业碳排放的估算是目前旅游业生态效率测度中表示旅游业环境影响的重要指标。据 UNWTO 估算，旅游业的碳排放占到全球碳排放的 5%，至 2035 年将会达到 10% 左右。对旅游业碳排放的研究，最早源于 WTTC、WTO 和 Earth Council 在 1995 年提出的关于旅游业的 21 世纪议程中将能源消耗作为旅游产业研究的一个重要领域。从既有的研究成果来看，对旅游业碳排放的研究既有从旅游业部门出发的，又有从国家或区域尺度上进行的。从旅游业部门出发的研究主要包括旅游交通、旅游饭店以及旅游活动的碳排放研究，而从国家或区域尺度上进行的研究，既包括旅游业整体碳排放研究，又包括某个旅游业部门的碳排放研究。

（一）基于旅游业部门视角的碳排放研究

既有的研究成果中关于旅游交通碳排放的研究成果是比较丰富的，这可能是由于旅游交通在旅游业碳排放中占到了很大比例，最高可能达到 95%。由于旅游业的发展，全球对石油能源的需求持续上升，约曼（Yeoman）等人（2007）指出，由于交通与旅游业的发展，石油在全球能源所占的比例将达到 60%。戈斯林（2002）很早就意识到旅游业发展过程中对环境的有害影响，尤其是对于岛屿型的旅游目的地，游客在旅游交通方面将会使用较多的化石燃料。迪布瓦（Dubois）和塞龙（Ceron）（2006）基于家庭旅游和休闲旅游的四种交通模式预测了不同变量影响下的法国 2050 年旅游交通带来的温室气体排放量。史密斯（Smith）和罗杰（Rodger）（2009）分别估算了新西兰国际游客和国内游客出境所产生的航空交通碳排

放量，结果显示前者为 789.3 万吨，后者为 394.8 万吨，并提出了 5 个抵消碳排放的建议，即提升能源效率、风电代替热电、减少道路交通、种植灌木丛以及提升热电效率。林（Lin）（2010）选取了我国台湾地区的五个国家公园，分别估算了它们 1999—2006 年的碳排放量，并提出了减少碳排放的措施，即增加交通工具的载荷量、乘坐公共交通工具以及使得游客到达地与目的地更近。此外，他在研究中还通过实地调查的方式获得了各种交通工具的载荷因子。

旅游业中另外一个碳排放主要部门是住宿业。伯内特（Burnett）（1994）是对酒店能源消耗问题研究较早的学者之一，他的研究显示，香港 1994 年每晚每床的能源消耗是 11 MJ，约等于 1 743.5 g 碳排放量。邓（Deng）和伯内特（2000）发现酒店的能源消耗中，电力占到全部的 73%。贝克尔（Becken）（2001）对新西兰的研究结果显示，电力占到酒店能源消耗的 75%，这与邓和伯内特的研究接近，在余下的能源消耗构成中，煤占到 12%，汽油占到 3%，液化石油气占到 9%，其他占到 1%。陈（Chan）和兰（Lam）（2002）通过对香港酒店业能源消耗的研究，估算及预测了 1988—2003 年酒店业的二氧化碳、二氧化硫及氮氧化物排放量。贝卡利（Beccali）等人（2009）通过对意大利西西里岛酒店业的研究表明，该地区每个留宿旅客在酒店的碳排放量为 9.17 kg。腓利门（Filimonau）等人（2011）通过对英国两家酒店的研究发现，较大规模的那家酒店每个客人每晚能源消耗和碳排放强度要高于较小规模的那家酒店，两家酒店每个客人每晚的能耗及碳排放强度均要小于既有成果中酒店的能耗及碳排放强度。蔡（Tsai）等人（2014）对我国台湾地区的国际观光酒店、标准观光酒店、一般酒店和民宿的研究结果显示，其每人每晚的碳排放量分别为 28.9 kg、19.2 kg、12.5 kg 和 6.3 kg。

对旅游业进行碳排放估算的另一项工作就是对游憩活动碳排放进行估算。从既有的研究成果来看，游憩活动碳排放估算往往是与旅游交通、旅游住宿碳排放估算一起进行的，单独估算游憩活动碳排放的比较少。贝克尔和西蒙斯（Simmons）（2002）两人对新西兰旅游活动的碳排放量进行了初步估算。他们根据旅游吸引物类型将旅游活动划分为三类，即吸引物、娱乐与活动，进而根据自己对新西兰107个样本的调查得出每项旅游活动的大致能耗，其中能耗最小的是游客中心和骑马，每个游客的能耗是 0.6 MJ，能耗最高的是直升机，每个游客的能耗是 2 903 MJ。格德斯林（Gdssling）（2005）估计在国际游客每次较长的假期中用于旅游活动的能耗为 250 MJ，大约相当于 40 kg 的碳排放量。郭（Kuo）和陈（Chen）（2009）在研究澎湖列岛的旅游碳排放问题时，将旅游活动分为八类，即观光游览、历史遗迹观光、景观参观、电动水上活动、游泳、自然观光、漂流和钓鱼，其二氧化碳排放量分别是 0.417 kg、0.172 kg、0.417 kg、15.3 kg、16.3 kg、0.417 kg、2.24 kg 和 1.67 kg。

（二）基于旅游业整体的碳排放研究

旅游业整体碳排放的测度对于明确旅游业的环境影响有重要作用。由于旅游业一直以来被认为是对环境友好的绿色产业，因而在其发展时对它的环境影响关注较少。据世界旅游组织及联合国环境规划署测算，全球旅游业的碳排放量在 2018 年占到全球碳排放量的 8%。旅游业碳排放量不但包括去景点等休闲旅游，而且包括商务旅行；不但有直接排放，如某一特定飞机产生的碳排放量，而且有间接排放，如酒店兴建过程中释放的碳排放量。据估算，旅游业每年碳排放总量将近 43 亿吨。德怀尔（Dwyer）等人（2010）利用生产法和支出法对澳大利亚 2003—2004 年度的旅游业碳排放量进行了估算，结果显示旅游业碳排放量占到澳大利亚产业总碳排放量的 3.9%～ 5.3%。孙（Sun）（2014）在回顾既有文献中对国家及区域旅游业碳排放研究的基础上，对中国台湾地区的旅游业碳排放进行了研究，国内旅游业、国际飞行以及进口商品分别占到旅游业碳排放的 47%、28% 和 25%。卡达索（Cadarso）等人（2015）则利用投入产出模型对西班牙1995—2007 年的旅游业碳排放量进行了测算，2007 年西班牙旅游业的碳排放量占到总碳排放量的 10.6%，其中游客、居民、商务旅游、公共管理支出

分别贡献了47%、36%、14%和3%。而从产业部门来看，交通、餐饮住宿业分别占到旅游业碳排放总量的26%和21%。

第二节 旅游业生态效率测度研究

一、旅游业生态效率测度方法

从生态效率既有的研究方法来看，对旅游业生态效率的测度主要有两类研究方法，分别为指标法与模型法。根据指标的种类，又可将指标法分为单一指标法与指标体系法。指标体系法与单一指标法相比，虽然涵盖指标类型更多，但是指标权重的处理过程会对结果产生较大的影响。单一指标法虽然指标类型少，但是其测度过程简洁明了，不存在对指标赋权的问题。因而，本研究的研究方法之一便是单一指标法，即单一比值法。既有的旅游业生态效率研究也证实单一比值法是目前在该领域中使用最多、使用最为广泛的方法。

第二类方法为模型法，它对生态效率的测度主要是基于投入产出思想，测度结果更为客观公正。由于它在测度过程中对于投入产出项指标有要求，因此其在旅游业生态效率研究中运用较少。从生态效率的研究来看，应用得较多的是数据包络分析法（Data Envelopment Analysis，DEA）与随机前沿分析法（Stochastic Frontier Analysis，SFA）。DEA相对于SFA来说不需要设定具体的生产函数形式，并且可以处理"多投入与多产出"问题，即可以处理有多个产出项数据的生产过程，但是其在面板数据的处理上具有一定的局限性。SFA则在面板数据处理方面具有优势，并且由于设定了生产函数的具体形式，该方法在应用过程中也能对模型的设定进行检验。由于以上两种方法在旅游业生态效率的研究中几乎没有运用，因此研究人员有必要使用这类方法对旅游业生态效率进行测度，以期全面地反映出研究区域的旅游业生态效率状况。

根据本研究的具体安排，对旅游业生态效率进行测度时首先使用单一比值法，对于单一比值法测度的结果既可以相互之间进行比较，又可以将其与其他行业、部分国家或地区的旅游业生态效率进行比较。其次，将引入 DEA 对我国港澳台地区旅游业生态效率进行测度，并充分考虑方法的局限性。最后，将通过 SFA 处理面板数据的优势测度三地之间的旅游业生态效率，综合比较其生态效率的高低。

（一）单一比值法

单一比值法主要是对借鉴 WBCSD 提出的生态效率公式应用到旅游生态效率研究当中的一个总称。WBCSD 将生态效率界定为产品或服务的价值与环境影响的比值，因此，旅游业生态效率的单一比值法求解即旅游业的环境影 响与旅游经济价值的比值。该方法目前在旅游业生态效率研究中应用较广，主要是因为以下两点：一是由于该方法思路简洁明了，计算过程不复杂；二是由于旅游业统计资料的缺乏，使得随机前沿分析法与数据包络分析法在旅游业生态效率问题上应用较少。

该方法的基本思路为选取合适的指标衡量旅游业的环境影响与经济价值。其中，环境影响主要用旅游碳排放量或旅游碳足迹进行衡量，用 $T_{environment}$ 表示；经济价值主要用旅游收入进行衡量，有条件的地区可以用旅游业增加值进行衡量，用 $T_{economy}$ 表示。那么，旅游业生态效率计算公式为：

$$Tee = \frac{T_{environment}}{T_{economy}} \qquad （3-2）$$

其中，旅游碳排放量或生态足迹探究可从生命周期评价（LCA）的角度进行，可将它们划分为旅游交通、旅游住宿、旅游活动、食物、废弃物等。旅游交通、旅游住宿、旅游活动占到了旅游者碳排放量的绝大部分，因此，一般的旅游碳排放量或生态足迹的计算公式为：

$$T_{environment} = T_{transport} + T_{accomodation} + T_{activity} \qquad （3-3）$$

从已有的研究现状来看，以旅游碳排放量来衡量旅游业对环境的影响已经成为主流。对于旅游碳排放量，除了可将各个部分相加进行计算（自下而上），还可以采用"自上而下"的方法进行计算。该方法主要是利用旅游卫星账户（TSA），通过构建投入产出矩阵来将旅游业的能源消耗量从总的能源消耗量中剥离出来，继而将其转化为旅游业碳排放量。

（二）数据包络分析法

数据包络分析法是运用线性规划的方法构建观测数据的非参数分段曲面，这个非参数分段曲面则称为前沿面。然后，根据这个前沿面来计算效率。关于数据包络分析法的起源，最早可以追溯到 1978 年，沙尔内（Charnes）、库珀（Cooper）和罗德斯（Rhodes）在论文中首次提出 DEA 模型，它以投入为导向，假设规模收益不变，用于评价部门间的相对有效性问题，该模型又叫 CRS 模型。随后，法勒（Fare）、格罗斯·科普夫（Gross-kopf）、洛根（Logan）、班克（Banker）、沙恩斯（Charnes）和库珀（Cooper）提出了规模收益可变的 VRS 模型。数据包络分析法的基本思路是以决策单元（Decision Making Unit，DMU）的投入、产出指标的权重系数为变量，借助于数学规划模型将决策单元投影到 DEA 生产前沿面上，通过比较决策单元偏离前沿面的程度来评价相对效率。

假设有 I 个评价对象，即决策单元（DMU），每个 DMU 有 N 种投入与 M 种产出，则第 i 个 DMU 的投入与产出向量分别用列向量 x_i 与 q_i 表示。$N×I$ 的投入矩阵与 $M×I$ 的产出矩阵则用 X 与 Q 表示，它们代表所有的 DMU 的投入产出数据集。对于每一个 DMU，都可以求得其产出与投入的比率，如 $u'q_i/v'x_i$。最优权数可通过求解式得到：

$$\max_{u+v}\ (u'q_i/v'x_i)$$
$$St:\ u'q_i/v'x_i \leqslant 1,\ i = 1,2,\cdots,I \qquad (3-4)$$
$$u,v \geqslant 0$$

由于式（3-4）中 u 和 v 的解可能出现无穷解，为了避免这个问题，往往对上述线性规划问题施加 $v'x_i=1$ 约束，得到式（3-5）：

$$\max_{\theta,\lambda} \ (u'q_i)$$
$$St: v'x_i = 1$$
$$u'q_j - v'x_j \leqslant 0, \quad j = 1,2,\cdots,I \qquad (3-5)$$
$$u,v \geqslant 0$$

利用线性规划的对偶性，可以推导出式（3-6）：

$$\min_{\theta,\lambda}$$
$$St: -q_i + \boldsymbol{Q}\lambda \geqslant 0$$
$$\theta x_i - \boldsymbol{X}\lambda \geqslant 0 \qquad (3-6)$$
$$\lambda \geqslant 0$$

式（3-6）中 θ 值将是第 i 个 DMU 的效率值，且 $\theta \leqslant 1$。当 θ 值小于 1 时，表示第 i 个 DMU 不在前沿面上，是无效的 DMU；当 θ 值等于 1 时，表示第 i 个 DMU 在前沿面上，是有效的 DMU。

上述模型便是 CRS 模型，它暗含一个假定，即所有 DMU 均处于最优状态，即最优规模。但是，这在现实当中几乎是不可能的，于是法勒、格罗斯·科普夫和洛根（1983），以及班克、沙恩斯和库珀（1984）提出了 VRS 模型，即通过把凸性约束条件加到式中得到式（3-7）：

$$\min_{\theta,\lambda}$$
$$St: -q_i + \boldsymbol{Q}\lambda \geqslant 0$$
$$\theta x_i - \boldsymbol{X}\lambda \geqslant 0 \qquad (3-7)$$
$$I_1'\lambda = 1$$
$$\lambda \geqslant 0$$

（三）随机前沿分析法

随机前沿分析法是相对于确定性前沿来讲的。在前沿函数中，确定性前沿生产函数没有考虑到随机因素的影响，直接通过线性规划求解前沿面。

随机前沿生产函数则在确定性前沿生产函数的基础上提出了具有复合扰动项的随机边界模型。其主要思想是随机扰动项由两部分组成，一部分为随机误差，另一部分为技术损失误差。艾格纳（Aigner）和朱（Chu）（1968）提出了式（3-8）的前沿函数形式，如下：

$$\ln q_i = x_i'\beta - u_i, \quad i = 1,2,\cdots, I \qquad (3-8)$$

式（3-8）中 q_i 表示第 i 个 DMU 的产出；x_i 表示一个由投入的对数组成的向量；β 则表示未知参数向量；u_i 表示与技术无效有关的非负随机变量。上述函数中存在着一个问题，即没有把测量误差以及统计噪声考虑进来，所有偏离前沿面的因素都被假定为技术无效性。艾格纳（Aigner）、洛弗尔（Lovell）、施密特（Schmidt）、米森（Meeusen）和布洛克（Broeck）（1977）分别提出了随机前沿生产函数模型，该模型在式（3-8）的基础上增加了表示统计噪声的随机误差 v_i，见式（3-9）：

$$\ln q_i = x_i'\beta - u_i + v_i, \quad i = 1,2,\cdots, I \qquad (3-9)$$

假定第 i 个 DMU 仅投入一种 x，得到产出 q，那么科布－道格拉斯随机前沿的模型则可表示为式（3-10）：

$$\ln q_i = \beta_0 + \beta_1 \ln x_i + v_i - u_i \qquad (3-10)$$

在旅游研究当中，朱承亮、岳宏志（2009）等人使用随机前沿分析法对我国的旅游产业效率进行了研究，并发现我国旅游产业效率均值仅为0.632，处于随着时间增加技术效率不断增加的阶段，旅游产业效率提升空间较大。简玉峰等（2009）使用随机前沿分析法对张家界 70 家星级酒店的技术效率进行了研究。在国外，随机前沿分析法主要应用于酒店、旅行社的技术效率研究，如巴罗斯（Barros）（2002）对葡萄牙 43 家酒店的研究、翁（Weng）等人（2006）对 52 家中国台湾地区酒店的研究、安德森（Anderson）等人（1999）对 31 家旅行社的研究。

二、旅游业生态效率测度指标

（一）环境指标

在旅游业生态效率测度中，不论使用什么样的方法，都需要选择相应的环境类指标。环境类指标反映旅游业对环境的影响。对于工业研究来说，常用废水、固体废弃物、烟粉尘和二氧化硫排放量等指标表征工业活动的非合意产出（Undesirable Output）。然而，旅游业现有统计数据中几乎没有与环境相关的，这使得学者们所用旅游环境影响指标主要以碳排放量为主，当然部分学者使用了旅游生态足迹。旅游生态足迹是生态足迹分析法（Ecological Footprint Analysis，EFA）在旅游业中的应用，它是指在一定的时间与空间内，由旅游活动所引起的资源消耗及废弃物消耗所需要的生物性生产土地的面积。旅游碳排放量则是指旅游过程中由旅游者消费、相关企业经营活动等所产生的碳排放量。旅游生态足迹与旅游碳排放量两者虽然都能表示旅游活动的环境影响，但是两者的立足点却不一样。旅游生态足迹立足于生态资源消耗的角度，它反映出旅游业的各个环节对生态资源的占用；旅游碳排放量则立足于能源消耗，主要反映旅游业的能源消耗。相比较于旅游生态足迹，旅游碳排放量的估算更为简洁、明了，应用更为广泛。因此，本研究将选用旅游碳排放量作为衡量旅游业环境影响的指标。

关于旅游碳排放量，已有的研究对于其所涵盖范围的界定也是有差异的，有的研究采用的是直接碳排放量，有的则还包含间接的碳排放量，有的利用 LCA 分析，有的则只包含旅游业当中的某几个部门。范围不一样，计算结果的差异性是显著的，如德怀尔（Dwyer）等人（2010）对澳大利亚旅游业的碳足迹进行研究时，发现其占全国碳排放量的比重远高于世界平均水平。伟希那（Vecina）等人（2011）对西班牙的研究结果也证实了碳排放量计算口径差异会导致结果偏离。本研究认为，旅游碳排放量是由旅游活动引起的碳排放量，由于旅游活动的实施主体是旅游者，因此在旅游碳排放量的估算中将采用 LCA 分析。

旅游碳排放量指标的第二个问题就是旅游业边界的界定。在已有的研究中，旅游业的边界既有以部门划分的旅游交通、旅游住宿、游憩活动以及购物等，又有依托工星账户界定的旅游的估算系统边界。戈斯林（2005）在对四个旅游目的地进行研究时指出，旅游碳排放包括旅游交通、旅游住宿和旅游活动三类；Becken（2001）在对新西兰旅游碳排放量进行估算时，仅考虑了旅游交通和旅游住宿；珀奇·尼尔森（Perch-Nielsen）（2010）对瑞士旅游业的碳排放量进行估算时是依据旅游卫星账户进行的。国内学者钟永德等人（2014）、韩元军等人（2015）依据旅游卫星账户的准则对我国旅游业碳排放量进行了估算；石培华（2011）借鉴国外学者的研究，估算了包含旅游交通、旅游住宿和旅游活动三者在内的中国旅游业碳排放量。在旅游业生态效率研究中，国内学者主要将旅游业界定为旅游交通、旅游住宿和旅游活动三类，如表3-1所示。

表3-1　旅游碳排放量及旅游业生态效率研究中关于旅游系统的界定

研究者及年份	研究对象	旅游系统界定
戈斯休（2005）	落基山公园、阿姆斯特丹、法国、塞舌尔、托斯卡纳的一个岛	旅游交通、旅游住宿、旅游活动
李鹏（2008）	香格里拉旅游线路产品	食、住、行、游、购、娱以及垃圾
肖建红（2011）	舟山群岛	旅游交通、旅游住宿、旅游景区、旅游餐饮、旅游废弃物
姚治国（2013）	海南岛	旅游交通、旅游住宿、旅游活动
甄翌（2013）	张家界	旅游游览、旅游住宿、旅游交通、旅游娱乐、旅游餐饮、旅游购物、旅游用水、旅游废弃物
蒋梅素（2014）	昆明	旅游交通、旅游住宿、旅游景区
珀奇·尼尔森（2010）	瑞士	旅游卫星账户界定的旅游系统
德布鲁因等人（Bruijn etal）（2011）	荷兰	旅游交通、旅游住宿及其他
卡达索（Cadarso）（2015）	西班牙	旅游卫星账户界定的旅游系统
帕特森（Patterson）和麦克唐纳（McDonald）（2004）	新西兰	为旅游者提供产品或服务的部门

研究者及年份	研究对象	旅游系统界定
贝肯和帕特森（2006）	新西兰	旅游住宿、旅游交通、旅游活动
琼斯（Jones）和蒙迪（Munday）（2007）	威尔士	旅游卫星账户界定的旅游系统
郭和陈（2009）	澎湖岛	旅游交通、旅游住宿、游憩活动
孙（2014）	台湾	旅游消费

从表 3-1 可以看出，目前学界对于旅游系统边界的界定并未统一，但是已有的旅游系统界定可以划分为两类：第一类是利用生命周期分析法，将旅游业划分为若干部门，该分类法以旅游者为核心，将旅游者整个旅游过程不同类型的旅游碳排放量相加，计算出总的碳排放量；第二类是利用投入产出分析法，通过旅游卫星账户将与旅游相关的各部门旅游消费从国民经济账户中剥离出来，进而估算旅游碳排放量。

本研究将借鉴已有的研究成果，选择自下而上的方法对旅游业碳排放量进行估算。在旅游业界定上，本研究将其界定为三部分，即旅游交通、旅游住宿与旅游活动。

（二）经济指标

关于经济指标，旅游研究中常用旅游收入来衡量一个地区旅游业的经济价值，虽然该指标在一定程度上放大了旅游业的经济贡献，但是由于旅游业增加值获取不易，目前常用各地区旅游业收入比较其旅游经济的差异。对于本研究来说，旅游业经济指标有两层含义：第一，基于单一比值法计算旅游业生态效率时，经济指标是指某个单一的指标，如旅游业收入、旅游业增加值；第二，基于 DEA 或 SFA 方法计算旅游业生态效率时，经济指标指的是一组指标，如从业人员、固定资产投资、能源消耗量、用水量、用地面积等。

旅游收入是指旅游接待部门在一定时期内通过提供旅游产品或服务获

得的收入，按照旅游收入的来源，可以分为国际旅游收入、国内旅游收入。旅游收入这一指标已经纳入旅游业的常规统计项目。旅游业增加值（Tourism Value Added）是反映旅游业对国民经济贡献的重要指标，也是旅游业因为旅游消费而产生的增加值。对旅游业增加值的估算，目前主要是利用旅游卫星账户（Tourism Satellite Account），从旅游需求与旅游供给两个角度进行估算。

由于本研究在旅游业生态效率测度时拟采用 DEA 与 SFA 方法，因而经济类指标除了涉及旅游业收入、旅游业增加值，还涉及其他指标，这里主要是指投入类指标。从旅游业效率研究的情况来看，这类指标的选用各有差别。齐奥纳斯（Tsionas）和阿萨夫（Assaf）（2014）梳理了近年来关于旅游目的地效率研究的文献，了解到大部分使用的是 DEA 方法。从投入产出角度来看，旅游业生态效率与旅游业效率之间的主要差异在于环境指标，因此可以说，旅游业效率的测度为旅游业生态效率测度方法的改进提供了较大空间。

总体而言，国外学者对旅游业效率投入产出指标的选择千差万别，但其最基本的思维是将区域旅游业看作一个生产过程。国内学者在对旅游业效率进行研究时，投入产出指标就比较集中了，固定资产投资与从业人员是使用最多的两个投入指标，产出指标则以旅游收入为主。

第四章　旅游经济监测与预警模型构建

旅游经济监测与预警模型是指根据宏观经济监测与预警模型的一般原理和方法，结合旅游经济的实际特点，通过设计、计算、测量、评价反映旅游经济运行态势的各类指标、指数体系的一套方法，从宏观上对旅游经济运行系统的主要方面进行了过程性刻画、追踪分析和警情预报。设计旅游经济监测与预警模型的首要目的在于及时准确地把旅游经济运行中的问题反映出来，这也是适时采取调控措施的关键所在。

第一节　模型设计原理和建模方法

旅游经济监测与预警模型的设计必须建立在科学的经济监测原理和我国旅游经济运行规律的基础上，如此才能使之成为准确、有效反映旅游经济运行态势的预警工具和方法。

一、设计原理

（一）借鉴经济景气监测的理论与实践

经济监测预警系统构建是建立在合理运用经济波动理论基础上的。在经济学史上，各个经济学派从不同的角度对经济周期波动现象进行了"仁者见仁，智者见智"的理论分析。宏观经济景气监测预警系统正是以经济周期波动理论为依据，根据其周期及规律性，采用相关的统计计量工具和方法构建景气指数，建立反映经济运行轨迹的监测预警系统。在经济波动中，存在着一种先行滞后关系，即反映经济运行状况的各个指标的波动过程是不一致的，有些指标的变动会明显领先于其他指标，这种先行滞后关系对于经济预测有重要意义，因此可以将这些指标合成

景气指数对宏观经济波动进行监测。景气监测不仅适用于监测宏观经济总体状况，还适用于监测某一区域、某一行业的经济运行状况。根据这一基本原理，我们可以对旅游经济的波动状况作出科学描述，对其未来的发展趋势作出理性预测。

构建旅游经济监测与预警系统的目的除了及时把握旅游经济运行波动的"脉搏"，还要对其动态趋势进行预警，以及时为宏观调控提供政策依据，调整经济运行中的不正常状态。因此，旅游经济监测与预警系统还必须遵循一般经济监测与预警的逻辑原理。从逻辑上讲，应包括这样几个阶段：明确警义、寻找警源、分析警兆并预报警度。在这里，明确警义是大前提，即明确监测预警的对象，是监测预警研究的基础；寻找警源、分析警兆是通过对警情的元素分析及定量分析来找到风险根源并觉察风险；预报警度是预警目标所在。将这一经济预警原理运用到旅游产业经济中，明确警义——明确旅游经济运行这一监测对象；寻找警源——分析影响旅游经济运行机制的内生、外生因素；分析警兆——确定影响旅游经济运行的景气指标和动向指标，划分先行、一致和滞后指标，并确定先行指标和警兆间的数量关系；预报警度——确定警限，可对旅游经济运行的景气程度等级作出判断和预测。在这一基本逻辑思路的指导下，经济预警的方法体系一般可分为预警指标、预警界限、预警方法和警报等几个核心部分。

（二）把握旅游产业活动特征

旅游业是一个综合性、关联性突出的产业，其产业边界的模糊性、对环境因素的敏感性和服务业特性决定了旅游经济监测预警对象界定、数据获取的复杂性。同时，我国旅游业又不同于发达国家的旅游业已经具备现代服务业的市场经济典型性。作为一个只有三十年历史的朝阳产业，我国旅游业当前仍处于经济转型进程中，产业范围和运行规律仍具特殊性和复杂性，再加上宏观层面统计数据不够完善，这些都决定了构建旅游经济监测预警系统必须结合我国旅游产业的实际情况，综合使用定量监测预警方法外的其他方法，如定性预测。另外，指标的选取和分类也要充分考虑现实因素，以确保监测预警结果更为科学、全面。鉴于此，我们构建的旅游经济监测预警模型不仅要涉及旅游经济整体运行动向的监测和预警，还要专门设计反映产业结构和重点领域的景气指数，以辅助分析旅游经济整体运行动向的监测预警功能。同时，要有所侧重地对旅游经济运行的各个构面和重点领域进行更为深入的刻画，以充分发掘影响旅游经济整体运行态势的深层结构因素。

二、建模方法

如前所述，经济景气分析方法主要是基于经济周期波动理论和指数合成理论对宏观经济的景气波动进行监测和预警，这也是建构旅游经济监测预警模型时采用的关键方法。其一般是在确定监测和预警主题后，首先确定基准指标；其次选择信息提取工具，从经济时间序列数据中剔除季节性因素和不规则要素；再次确定经济转折点，即对应的峰谷点；最后采取景气指数法和综合预警法两种工具进行景气分析。确定基准循环的方法一般包括古典循环法、增长循环法和增长率循环法。前两种方法侧重于观察指标的绝对值变动情况。由于我国经济目前处于快速增长阶段，主要经济指标极少出现绝对量下降的情况，因此，我国研究机构和学者用于经济分析的景气指数主要基于增长量循环（张永军，2007）。鉴于旅游经济监测预警在国内外还是一个全新的研究领域，深入、全面的理论研究和整个产业范围内的实践应用都处于探索阶段，所以旅游经济预警模型的主要设计方法首先汲取了经济景气分析方法的基本做法，然后结合旅游业的综合性特点和开展研究所需的数据基础，采取了基于增长率循环的旅游经济景气分析方法。本研究是在对旅游经济内容进行机理分析和把握产业实践特性的基础上来确定旅游经济景气监测的主要方面以及主要预警目标的；综合采用了景气指数法和综合预警方法，力图通过定量的实证研究和定性分析的综合应用，尽可能全面地反映出旅游经济的运行动向并对趋势走向作出准确预测。

（一）景气指数方法

景气指数方法，是一种实证的景气观测方法，即通过构造景气指数并使之与景气状态相互对应，以反映宏观经济的景气程度。根据上述经济景气监测原理，经济波动中反映不同经济侧面的指标变动总是存在先行滞后关系。类似的，旅游经济的周期波动也是通过一系列经济变量的活动来传递和扩散的。鉴于旅游产业的综合性特征，任何单一经济变量的波动都很难全面反映旅游经济的整体波动情况，因此要刻画旅游经济整体波动过程，必须综合考虑各个变量的波动，而景气指数的编制为解决这个问题提供了有效工具。一方面，它能如实刻画现实旅游经济波动的轨迹，反映当前整体经济波动所处的位置；另一方面，还能够预测未来旅游经济波动的峰谷。围绕预警目标确立所需指标体系后，根据指标与基准循环的对应关系，将反映经济运行状况的各个指标分为先行、一致、滞后三个指标组，再从指标组中选择一定的指标集合，根据合成算法将这些指标集合分别合成对应的指数。换言之，先行景气指数，可用于经济周期的短期预测；一致景气指数，可用于表征经济周期运行状态；滞后指数，可用来确认经济走势是否发生了改变。先行指标主要用于判断短期经济总体的景气状况，同时因为其在宏观经济波动到达高峰或低谷前，先行出现高峰或低谷，所以可以用它判断经济运行中是否存在不安定因素，程度如何，并推测经济波动的趋向，这样不仅有利于政府等相关部门采取正确的调控措施，还有利于企业采取正确的经营决策。根据反映对象和计算方法的不同，景气指数主要分为扩散指数（DI）和合成指数（CI）。合成指数是美国商务部于20世纪60年代针对扩散指数不能反映经济波动幅度、受随机干扰较重等问题而开发的。1961年起，宏观经济景气监测从理论研究走向应用阶段，影响也不断扩大，特别是美国经济先行指数，已成为判断美国和世界经济形势的"晴雨表"。监测记录显示，美国先行经济指数能够提前8～20个月预测经济衰退，提前1～10个月预测经济复苏。尽管经济运行存在许多不确定性，但先行指标体系在宏观经济监测、预测和预警等方面对宏观调控能起到重要的指导作用，可以变事后调控为事先调控，从而提高调控效率。目前，合成指数法是经济景气监测和预警分析的核心方法之一。本研究也采取了合成指数算法，同时考虑到时间序列数据的完备性较差，部分指数通过加权平均算法和比率算法等方式合成。

（二）综合预警方法

综合预警方法是选取一些重要的宏观经济指标作为信号灯体系的基础，从这些指标出发，通过一些阈值的确定，评判当期各个指标反映的经济形势某一方面的"冷热"情况，并综合这些指标给出当前宏观经济总体的"冷热"判断。预警信号灯系统借鉴类似于交通信号灯的方法，用"深蓝""浅蓝""绿""黄""红"五种颜色代表整个经济状况中出现的"过冷""趋冷""正常""趋热""过热"五种情形，因此预警信号灯给人的印象是直观易懂的。"绿灯"区居中，代表常态区或稳定区。同时，当预警信号灯出现"浅蓝"或"黄"两种颜色时，可以预先知道宏观经济已经偏离了正常的运行轨迹，从而提前采取一些宏观调控手段防止"过冷"或"过热"的情形发生。1966年，日本企划厅在其经济白皮书中发布了"日本景气警告指数"，采用类似交通信号灯的形式进行了评价。1970年，联邦德国也由国会专家委员会编制了类似的预警指数。警告信号作为景气动向指数的组成部分，对处于起飞阶段的中国经济，能够弥补一致指数不能直观描述经济运行当前所处状态的不足，有助于准确地判断当前经济究竟处于"过冷""趋冷""正常""趋热""过热"五种状态中的哪一种，具有很好的现实意义。预警信号以考虑统计指标的经济意义为主，而不必像一致指数的构成指标一样，必须与基准循环一致，这样可以把宏观经济调控的主要目标完全考虑进来，组成一个全面、系统的预警评分体系。中国经济监测中心根据改革开放以来我国经济运行的轨迹，将判断区域分为"过冷""趋冷""正常""趋热""过热"五个区域，分别以"红灯""黄灯""绿灯""浅蓝灯""蓝灯"表示。本研究也在设计预警指数的基础上设计了类似的旅游经济预警信号灯系统。

（三）景气调查方法

景气调查方法是二战以后出现的一种信息采集方法，主要以厂商和消费者为调查对象，采用问卷调查方式收集调查对象关于景气变动的判断。景气调查法不同于传统的统计方法，它最独特的地方在于问卷中的问题均是定性判断的选择题形式，调查对象只需对调查题的三个选项作出选择即可，最后经过合成扩散指数等方法将定性判断定量化。景气调查既有对整个宏观景气状况未来几个月动向的判断，又有对经济活动的某些方面，如价格、订单、投资等动向的判断，具有较高的超前性和时效性。美国在 20 世纪 70 年代初开始将景气调查纳入经济景气监测预警系统，专门设置了用景气调查得来的信息编制的产品订单、利润、销售、物价等的扩散指数。我国从 20 世纪 90 年代初起逐渐开始尝试开展企业景气调查。目前已开展过景气调查或者类似景气调查的部门有国务院发展研究中心、国家信息中心、国家计委、中国人民银行、国家体改委等，这些部门对于景气调查的研究与尝试，均是出于部门管理的需要，因而缺乏规范性和系统性。国家统计局从 1992 年开始设计景气调查方案，1994 年 8 月开始进行全面、系统的企业景气调查，1997 年 12 月中国经济景气监测中心建立中国消费者信心调查制度。如果说景气分析是根据经济发展的以往规律，从已经发生的经济活动的统计数据来评价预测未来的经济发展，那么景气调查则是根据对企业和个人的典型抽样调查，以被调查对象超前的主观定性判断得出定量的结论，两者兼备可以互相补充、互相印证。

鉴于国内旅游统计信息在季度、月度统计和微观层面历史统计数据的不完善，景气调查法也成为本研究获取主要信息和数据、建立旅游经济预警数据库的重要方法和手段。目前的旅游景气调查主要涉及旅游意愿、旅游预订、旅游企业家信心、旅游企业景气、游客满意度、消费者信心等方面的内容，通过相关景气指数的构建来反映特定领域的旅游经济运行特征。

（四）定性与定量预测结合的方法

首先，在数据的搜集上兼顾定性与定量数据的互补作用。一方面直接使用定量的二手统计数据，另一方面通过访谈或者问卷调查获取丰富的一手定性数据，两者相互补充，尽可能全面、真实地反映旅游经济的运行情况。其次，在预警结果的呈现上考虑纯粹定量预测的局限性。建立定期专家联席制度，通过专家经验判断得出的意见与通过定量测算的预警指数互为补充。同时，通过景气调查和市场调查等方式获取的定性数据在定量转化的基础上也纳入了相应景气指数的计算过程中。这样定性、定量预警方法相结合，可以在追求科学的客观性的同时，更准确地反映旅游经济的景气走向。

第二节　模型构建步骤和方法

一个完整的经济监测预警系统应该涵盖监测和预警两大既相互联系又相互区别的内容。监测侧重经济活动的实时分析，旨在揭示经济活动中各因素的关系和经济变化的内在规律，是对现实经济运行轨迹的模拟再现；预警则侧重在经济运行方向偏离均衡状态时发出警报，并对其未来发展趋势作出科学预测。监测为预警服务，预警也为监测提供必要的信息，两者在内容上构成一个整体。一般来讲，对经济运行实时监测的主要方法是在设计景气指数的基础上开展景气分析，经济预警则主要通过一系列预警指数和指标体系的构建来实现。因此，构建旅游经济监测预警模型的关键步骤是设计以合成指数为基础的景气指数模型和预警指数模型。

一、景气指数模型的构建

经济景气分析方法的核心就是景气指数模型的构建，即根据经济运行的内在规律，建立起监测宏观经济周期波动的景气动向指标体系，通过各种指数或模型来描述宏观经济的运行状况，以预测未来走势。构建旅游经济景气指数模型就是从旅游经济运行的领域中选择出一批对景气变动敏感、有代表性的经济指标，用数学方法合成景气指数，以此作为观察旅游经济波动的综合标准。根据指标变动轨迹和现实经济变动轨迹之间的先后关系，景气指标可分为先行指标、一致指标和滞后指标三类。因此，编制旅游经济景气指数最主要的目的就是预测旅游经济周期波动的转折点，如果先行指数走出谷底，出现回升，预示着一致指数在若干个月后也会回升，也就是总体经济将出现复苏，滞后指标则是对一致指数的确认，也就是再过几个月以后滞后指标也会出现回升。旅游经济景气指数模型的构建步骤和方法如下。

（一）循环基准的确定

在宏观经济研究领域，国外编制景气指数一般都采用合成指数的方法，其主要差别在于景气循环分析方法的不同。景气循环分析方法有三种：第一种是古典循环法，主要是观察经济时间序列绝对量本身的波动，一般观察时间序列的长期趋势及循环要素（TC）的波动；第二种是增长循环波动法，也称离差循环方法，一般观察经济时间序列相对量的波动，将时间序列的长期趋势 T 和循环要素 C 分离，把循环要素 C 的变动看作景气变动，即增长周期波动是循环要素 C 的波动；第三种是增长率循环法，观察经济时间序列的增长率（与上年同月或同季比），分析其波动的规律性。其同前两种方法一样，也要对时间序列进行季节调整，对增长率序列的长期趋势及循环要素的波动进行分析。

目前这三种方法分别由不同的国家或组织采用，如美国应用古典循环方法，经济合作与发展组织（OECD）采用增长循环方法，日本及大部分发展中或经济起飞中的国家都采用增长率循环法。结合我国旅游经济的发展特点和统计数据特征可知，本研究也采用增长率循环法。

（二）指标体系的筛选和确立

一致指标（Coincident Index），即能够实时反映当前旅游经济运行情况的指标，可划分为市场一致指标和产业一致指标。市场一致指标反映了旅游市场的运行情况，主要有国内旅游人数、国内旅游收入、入境旅游人数、入境旅游外汇收入、出境旅游人数和出境旅游花费、休闲人数、住宿业零售总额、餐饮业零售总额等基础性指标。通过这些指标，既可以进一步具体分析国内、入境和出境旅游三大市场的变动情况，又可以进一步计算当前旅游总收入、旅游接待总人数等指标。产业一致指标反映了当前旅游产业的经营情况，主要有接待人数、营业收入、营业成本、接待人数等基础性指标，通过这些指标，可以进一步具体分析企业利润等指标。

根据以上分析，可以将一致指标定义为：

$$TECI=TMCI+TICI \qquad (4-1)$$

式中，TECI（Tourism Economy Coincident Index）为旅游经济运行一致指标，TMCI（Tourism Market Coincident Index）为旅游市场运行一致指标，TICI（Tourism Industries Co incident Index）为旅游产业运行一致指标。

先行指标（Leading Index），即能够反映下一时期旅游经济运行情况的指标，可进一步划分为市场先行指标、产业先行指标和发展环境先行指标三种类型。市场先行指标反映旅游消费意愿情况，主要有居民出游意愿、消费者信心、预订人数等基础性指标。产业先行指标反映对未来的信心和判断，主要有旅游企业家信心、旅游专家信心、旅游固定资产投资等基础性指标。旅游发展环境先行指标反映旅游经济运行的外部影响因素，主要有节假日制度安排、宏观政策、GDP、可支配收入和世界经济等基础性指标。先行指标还可以包括其他机构的景气判断和预测等参考指标。

根据以上分析，可以将先行指标定义为：

$$TELI=TMLI+TILI+TDELI \qquad (4-2)$$

式中，TELI（Tourism Economy Leading Index）为旅游经济运行先行指标，TMLI（Tourism Market Leading Index）为旅游市场运行先行指标，TILI（Tourism Industries Leading Index）为旅游产业运行先行指标，TDELI（Tourism Development Evironment Leading Index）为旅游发展环境先行指标。

滞后指标（Lagging Index），就是能够反映上一时期旅游经济走势，即

对旅游经济运行态势进行确认的指标，主要有从业人员、员工工资、旅游人气指数和税金等产业基本指标。为进一步反映旅游经济运行的质量，本研究还将游客满意度作为市场基本面的滞后指标纳入了监测体系。

根据以上分析，可以将滞后指标定义为：

$$TELaI = TMLaI + TILaI \qquad （4-3）$$

式中，TELaI（Tourism Economy Lagging Index）为旅游经济运行滞后指标，TMLaI（Tourism Market Lagging Index）为旅游市场运行滞后指标，TILaI（Tourism Industries Lagging Index）为旅游产业运行滞后指标。

（三）确定指标权重

在指标体系当中，不同的指标对旅游经济的影响程度是不同的，有些指标的变动对经济影响较大，研究人员需要按照指标的重要性原则选取指标的权重。通过层次分析法可以得出各指标相对于整个系统的相对重要性权值。指标权重确定的方法是通过专家调查，按照层次分析法标度排列打分测算得到结果。专家调查主要是从经济的角度对指标的性能好坏以及数据获取的时滞特征等进行主观赋值。

考虑到旅游经济运行监测和景气分析的复杂性以及探索性，在对专家调查结果进行层次分析的基础上，研究人员需进一步采用综合赋权法，即结合主成分分析、时差相关系数等进行综合评价，同时考虑指标的性能好坏、数据时滞特征等对主观赋权结果的影响，再酌情调整权重。

（四）合成指数的计算与分析

根据宏观经济预警方法，经济运行指标或指数的值称为景气。例如，旅游市场的监测指数值为100，我们就称旅游市场景气为100。经济景气往往需要通过一系列经济指标来综合反映。旅游景气监测模型的核心是通过合成指数构建景气指数，并按照指标的变动时序特征进一步测算出反映旅游经济总体运行状况的先行指数、一致指数和滞后指数。景气指数的合成步骤如下。

第一步是景气指数的合成，包括单指标的对称变化率和标准化、多指标对称变化率标准化后的加权平均数、平均变化率以及同步指数标准化、计算合成指数四个方面。由先行指标合成的指数称为先行指数（WI），由一致指标合成的指数称为一致指数（MI），由滞后指标合成的指数称为滞后指数（TI）。第二步是景气指数分析。从景气指数的原理来看，一致指数反映整体旅游经济的当前状态，先行指数超前于一致指数出现变化，滞后指数则落后于一致指数而出现峰谷转折点。通过对三个指数的趋势和相互关系进行对比分析，相关人员可以对整体旅游经济运行动向及转折点出现的时机进行判断和预测。对于景气指数的分析，本研究参考了国家宏观经济景气监测的区间景气划分方法。

（五）指数的检验和指标体系的修正

景气指数的应用效果如何，还需要经过进一步检验，即将景气指数的变化情况与经济运行的实际情况进行对比，观察景气指数的变化情况与实际情况相比超前性和一致性如何。尤其是要将一致指数和先行指数与实际情况进行对比，检验一致指数的判断准确性及先行指数的预测准确性，根据需要进一步调整指标体系的构成，如此反复试运行，直至判断、预测结果与实际情况比较接近为止。

二、预警指数模型的构建

根据我国宏观经济监测预警系统的经验，先行指数对于预测经济走势是很有帮助的，但与先行指数本身相关的问题是先行指数领先一致指数的时间长度，在不同的峰谷差异较大，使得依靠先行指数判断经济走势的转折点时存在很大困难。另外，基于增长率循环的先行指数只能对一致指数的波动方向给出信号，先行指数的波动幅度与一致指数的波动幅度之间不存在准确的对应关系，因此对依据两者之间关系来判断经济走势带来了困难（张永军，2007）。因此，我们还要建立经济预警指数模型。现实中，月度和季度的旅游经济运行动向分析可以使旅游主管部门及时掌握计划期内

的旅游经济形势，预见旅游经济前景，为政策干预提供充分的时间。但为了总体描述旅游经济运行的状态，还需要使用"预警指数"。预警指数由旅游经济运行中的关键指标构成，既要考虑到旅游市场、旅游产业、发展环境、信心指标等旅游经济运行的各方面，又要考虑是否到由先行指数、一致指数和滞后指数共同构成。为了简明扼要，一般选取以上各类指标中的关键指标构建预警指数。其表现方式如下：

$$TEEWI = f(TM, TI, TDE, TWC) = f(TECI, TELI, TELaI) \qquad (4-4)$$

式中，TEEWI 为旅游经济运行预警指标，f 为预警指数与各项构成指标之间的函数关系。

（一）确定预警指标体系

根据前述方法和步骤，分别从一致、先行和滞后指标组中选择若干项重要指标作为中国旅游经济预警系统的构成指标，结合统计特征和专家经验，确定了如表 4-1 所示的最终预警指标体系。

表 4-1　旅游经济预警指标体系

指标类型	指标名称
预警指标	国民生产总值
	社会消费品零售总额
	外汇收入
预警指标	出境人数
	住宿费
	酒店出租率
	生态指标
	客运量

（二）合成预警指数

在确定上述各个预警指标权重的基础上，采用加权平均算法得出综合预警指数。具体操作过程如下：第一步，将初选指标进行预处理，剔除季节性影响因素及其他不规则要素，保留趋势和循环要素，本书采用 X-12 季节调整法；第二步，将调整后的数据映射为指定区间的新数据矩阵；第三步，将每一指标加权平均求出综合预警指数。

（三）预警界限值的确定

旅游经济预警界限的确定主要参考了国家宏观经济监测预警中心的做法，并在景气监测运行若干周期后结合旅游产业特征和数据基础进行相应调整。为了提供预警信号，预警系统还必须具备其他辅助功能，其中最基本的是对经济过程的监测，同时还要对监测结果进行识别，即判定监测到的经济过程特征属于何种景气状态以及预示着何种景气状态。

1.预警区域划分

根据宏观经济的信号预警系统方法，预警界限一般由四个数值组成，也称为"检查值"。以这四个检查值为界限，确定"热（红灯）""偏热（黄灯）""稳定（绿灯）""偏冷（浅蓝灯）""冷（蓝灯）"五种信号。同时，每种信号代表不同的分值。以上界限确定了旅游经济运行轨迹的五个区域。

2.确定单个指标临界点

就单个指标临界点的确定而言，首先可参考中国经济景气监测中心的方法和原则，然后根据状态区域的概率确定临界点，再根据对经济形势的判断，剔除异常值并调整该指标的中心线值和基础临界点，接着求出修改后临界点所划分的区域落点概率，确认符合经济运行的态势后，确定最终临界点。

3.预警指数临界值的确定

当前预警指数临界值暂时参考国家统计局中国经济景气监测中心的标准划分。

（四）制作预警信号图

在确定上述信号显示和界限值的基础上，制作预警指标信号图，便于

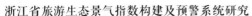

直接观察各指标在红灯区、黄灯区、绿灯区、浅蓝灯区和蓝灯区的分布，反映综合警情的预警指数走向。

（五）发布预警信息

利用所建立的预警信号系统，在得到景气动向综合指数图和景气预警指标信号图后，根据综合指数的信号判断旅游经济的总体运行状况，同时根据各预警指标信号分析导致综合指数信号处于当前状态的原因，为宏观调控和政策决策提供参考建议。

第三节　旅游经济监测预警指标体系的筛选与确立

一、旅游经济监测预警指标体系的设计原则和方法

（一）设计原则

旅游经济监测预警指标的选择除了要遵循灵敏度、代表性、经济意义、数据充足、时效性和可用性等一般经济预警所遵循的原则，还需要考虑旅游经济自身的特殊性。

1. 要能够全面反映我国旅游经济运行特征

设计指标体系时尽可能从我国旅游经济运行的实际情况出发，确立国内旅游经济运行的市场、产业、环境几大基本构面，在此基础上尽可能选择全面反映这些基本构面运行状况的主要指标。同时，此设计还要兼顾其他层面指标的选取，尤其是信心景气指标等，以全面反映旅游经济运行宏、微观层面的不同动态和整个经济运行的静态位势。

2. 要尽可能与现有权威统计体系接轨

目前国家统计局的相关统计、国家旅游局的旅游统计、旅游卫星账户以及其他国际旅游运行报告和景气预测方法都为本研究的指标体系设计提

供了有益的借鉴。实际操作中要在尽可能采用具有一定统计基础的经济指标的基础上，进一步根据研究需要通过景气调查等方法来扩充指标来源，尽可能使我国旅游经济运行监控和预警体系与国内各地方政府、其他国家以及国际旅游组织的相关统计监测体系接轨，也便于未来通过横向比较来衡量国际视野内我国旅游经济的运行质量。

3. 要保持指标体系的动态均衡特征

构建动态均衡的指标体系既是经济运行监测景气指数的客观要求，又是对我国旅游产业发展处于动态演化中的现实反映。具有综合性特征的旅游业具有边界模糊的特征。在指标体系的构建中要注重产业供给和市场需求两个基本面的平衡、三大市场经济指标的平衡、旅游业经济指标与宏观经济环境指标的平衡，以及客观统计指标与主观定性指标的平衡，同时在具体的指标内涵中还要注重质量指标与数量指标的平衡。鉴于我国旅游统计的不完善性，我国建立了常态化的景气调查制度和数据采集系统，以保障持续获取稳定、动态的数据，为以后把具有典型动态特征的景气调查指标纳入先行指标体系和预警指标体系奠定了基础，并通过一套科学的数据审核机制保障先行指标体系和预警指标体系具有一定的开放性，通过剔除不必要的指标和纳入新指标的定期调整，来适应未来变化的产业环境。一些能够反映旅游经济动态特征的重要指标由于统计数据的时间序列不够长或者获取的滞后性问题，暂时作为分析指标引入监测指标体系，但可以不参与指数合成。

（二）设计方法

通过理论研究确定全面反映我国旅游经济结构和内容的不同层面的指标体系后，研究人员通过相关分析等方法确立了大概的初选指标体系。经过多方面的调查、比较，并运用专家判断法，结合基准循环法、时差相关分析等方法最终确定了反映中国旅游经济动向的四大指标体系，即先行指标体系、一致指标体系、滞后指标体系以及预警指标体系。作为对整体旅游经济监测预警的深入补充分析，课题组分别设计了反映旅游市场景气、产业景气、发展环境景气三个基本面和重点监测领域的指标体系。最终筛选、确定的反映旅游经济总体运行动向的四大类指标体系基本涵盖了旅游经济监测预警系统各个层面的所有重要指标，分别为 5 个先行指标、7 个一致指标、4 个滞后指标和 8 个预警指标。

二、初选指标体系的确立

通过理论研究和统计检验对旅游经济监测预警指标体系进行初选。需要指出的是，主要旅游指标除有特殊说明外，其余均按照国家旅游局最新统计调查制度为标准。

（一）市场需求基本面的指标体系

市场景气指数（TMI）的基本构成被定义为：

$$TMI=DTM+ITM+OTM+TRM \qquad （4-5）$$

其中，DTM（Domestic Tourism Market）代表国内旅游市场，ITM（Inbound Tourism Market）代表入境旅游市场，OTM（Outbound Tourism Market）代表出境旅游市场，TRM（Tourism Relevant Market）代表其他相关市场，即休闲市场。倪晓宁、戴斌（2007）的旅游市场景气研究将国际旅游外汇收入、国内旅游收入、国内旅游人数和入境旅游人数作为反映中国旅游市场繁荣度的重要一致性指标。张凌云等人（2009）对国内已有旅游景气研究进行了回顾，对已有景气指标体系进行了评价，认为目前研究对所选指标未进行科学的分析和归类，提出应该借鉴旅游附属账户来设计实物类和价值类两大类指标体系，前者包括游客总量、入境游客总量、国内游客总量等，后者包括旅游消费总额、入境旅游消费、国内旅游消费等。这种包括实物类和价值类指标的分类方法具有借鉴意义。王新峰（2010）建立了涉及 27 个基本指标的旅游景气指数，其中涉及旅游市场的指标共有 5 个，即国际旅游外汇收入、国内旅游收入、国内旅游人数、入境旅游人数、国内旅游人均花费，这其中没有出境旅游市场的指标，但其指标体系中补充了客运量和旅客周转量作为反映旅游市场规模的指标。因此，对于反映国内旅游市场、出入境旅游市场的指标，总体上可从规模和效益两种指标角度进行分类与筛选。

1.国内旅游市场指标体系

国内旅游市场可以用国内旅游人数和国内旅游收入等反映规模和效益的指标来衡量。按消费主体划分，国内旅游人数可以分为城镇居民旅游人数和农村居民旅游人数，国内旅游收入可以分为城镇居民旅游花费和农村居民旅游花费。按消费时间划分，国内旅游人数可以分为国内一日游旅游人数和国内过夜旅游人数，国内旅游收入可以分为国内一日游旅游收入和国内过夜旅游收入，相应地，还可以统计城镇居民和农村居民的情况。

2.入境旅游市场指标体系

为实现各国（地区）统计数据的国际比较，世界旅游组织选取各国接待入境旅游者（过夜游客）人数和旅游外汇收入两个基本指标作为了解国际旅游业发展态势的载体。因此，我国入境旅游市场也可以考虑用入境旅游人数和入境旅游外汇收入等指标来衡量。按消费主体划分，入境旅游人数可以分为外国人入境旅游人数、香港同胞入境旅游人数、澳门同胞入境旅游人数和台湾同胞入境旅游人数，入境旅游外汇收入可分为外国人入境旅游花费、香港同胞入境旅游花费、澳门同胞入境旅游花费和台湾同胞入境旅游花费。以上指标又可以用一日游和过夜旅游两种旅游消费形式来进行划分。

3.出境旅游市场指标体系

出境旅游市场可用出境旅游人数和出境旅游花费两方面指标来衡量。近年来，我国内地公民出境旅游潜力持续释放，在出境花费方面数据也成为业内外关注的热点。但在旅游主管部门的旅游统计中，出境花费存在数据缺失的情况。因此，出境旅游花费可以根据中国国际收支平衡表常见项目的相应数据来统计。相关统计指标一般包括出境旅游总人数、因私出境旅游人数和相应的收入指标，以及各个指标对应的同比增长率等。

4.相关市场指标体系

美国旅行协会的旅游力评价把整个市场划分为休闲市场和商务市场，而在旅游收入上则有对商品零售额的专门统计。英国等国家也按《国际标准产业分类》（ISIC）把旅游业和休闲相关产业当作一个产业部门，并通过

就业指标和总增加值（GVA）指标进行生产力指数评价。但我国目前休闲相关产业的官方统计数据比较有限，考察休闲度假市场时可通过抽样调查，用休闲人数、闲暇时间、休闲消费、居民休闲活动参与率和社会商品零售额等指标来衡量。由于当前国内休闲度假市场具有复杂性和变化性，数据构成比较复杂，本研究目前主要通过"信息快报"的形式对该市场变化的特点进行动态跟踪。

除以上三大旅游市场和休闲相关市场指标之外，旅行相关市场在一定程度上也能够反映旅游市场的规模大小，如交通部门统计的反映旅行人群规模的客运量数据。事实上，在世界旅游组织的国际旅游监测体系中，航空运输承载量是监测旅游市场运行状况的重要指标，《2008年国际旅游统计建议》更是把客运指标作为旅游供给层面统计的一个重要方面。按我国国家统计局的统计指标解释，客运量是指一定时期内各种交通运输工具实际运送的旅客数量，在统计时不论行程或票价多少，均按一人一次计算客运量。客运总量又由公路客运量、铁路客运量、水运客运量和民用航空客运量组成。我们也把国内旅行客运量当作反映国内旅游市场规模的一个重要参考指标。剔除上述统计指标中经济意义重复性较高的指标，并综合考虑到统计充分性和指标稳定性，将前述市场基本面指标体系中的关键指标归纳起来，作为构建相关景气指数的初选指标体系，详细内容如表4-2所示。

表4-2　旅游市场景气初选指标体系

分　类	规模指标	效益指标
国内市场	国内旅游人数、城镇居民旅游人数、农村居民旅游人数、国内过夜旅游人数、国内一日游旅游人数	国内旅游收入、城镇居民旅游花费、农村居民旅游花费、国内一日游旅游收入、国内过夜旅游收入
出境市场	出境旅游总人数、因公出境旅游人数、因私出境旅游人数	出境旅游总花费、出境旅游人均花费

续　表

分　类	规模指标	效益指标
入境市场	入境旅游总人数、外国人入境旅游人数、港澳台同胞入境旅游人数、入境过夜旅游者人数	入境旅游外汇总收入、外国人入境旅游花费、港澳台同胞入境旅游花费
相关市场	休闲人数、闲暇时间、旅行客运量、居民休闲活动参与率	休闲花费、社会商品零售金额、住宿和餐饮业零售额

（二）产业基本面的指标体系

旅游产业基本面的构成有如下定义：

$$TI=TS+TH+TA+TG \qquad (4-6)$$

其中，TI（Tourism Industries）代表旅游产业，TS（Travel Services）代表旅行社，TH（Tourist Hotels）代表旅游饭店，TA（Tourism Attractions）代表旅游景区，TG（Tourism Groups）代表旅游综合企业。美国的年度旅游力评价指数（Travel Power）中对产业影响的评估主要从收入、税金和就业三方面的经济指标来入手，并重点评估餐饮业、公共交通、汽车行业、景观行业、住宿业、零售业六大产业的旅游消费额。世界旅游组织最新修订的 2008 年版《旅游卫星账户：建议的方法框架》中则将产业角度的衡量指标分为三大类，即总增加值、就业和总固定资产。从我国旅游主管部门的历年统计数据来看，产业层面的监测指标主要包括规模、经营绩效和就业三方面。所以，对于产业层面的景气监测指标体系，可以就每一个具体行业从规模、效益、就业三方面的指标来进行初步归类、筛选。

1.旅游饭店指标体系

全球范围内，针对饭店产业的运行监测体系比较普遍。由世界旅游组织起草的《2008 年国际旅游统计建议》指出，反映住宿设施的指标通常包括房间数、床位数、入住率和客房收入等。在全球知名咨询管理机构的产业监测方面，STR Global 定期提供的酒店业趋势报告（Trend Reports）包

括连续 6 年的月度绩效监测数据，如入住率（occupancy rate）、平均房价（average house price）、每间可售房收入（revenue per Available room）、供应量（supply）、需求量（demand）和收益（revenue）等。该机构以出租率和平均房价两个业绩指标为基础，每月发布全球酒店的景气监测指数。按照我国国家旅游局相关统计说明，旅游饭店（TH，Tourist Hotel）是指能够以间（套）夜为时间单位出租，并配有相应服务的住宿设施，按不同习惯，它也可能被称为宾馆、酒店、旅馆、旅社、宾舍、度假村、俱乐部、大厦、中心等。从我国国家旅游局对星级饭店的历年统计数据来看，其目标主要集中于饭店数、客房数、床位数、不同星级饭店数等规模指标，以及出租率、营业收入和税金、全员劳动生产率和就业人数等指标。

从目前的研究成果来看，旅游经济景气研究最集中的领域就是饭店产业景气，在相关景气指标体系的构建方面，研究者通过各种研究方法进行了积极探索。阎霞（2008）在饭店产业景气研究中，以饭店数、房间数、床位数、从业人员、固定资产、客房出租率、营业收入、税金、全员劳动生产率 9 个指标作为基础构建了景气指数，并对不同等级的星级饭店在 1996—2006 年间的景气情况进行了研究。张斌（2010）的学位论文则从饭店业内部协调关系、饭店业市场供求协调关系、饭店业与相关产业经济协调关系、宏观经济环境四个方面构建了包括营业收入总额、人均营业收入、星级饭店从业人员总数、全员劳动生产率、客房占营业收入比重、餐饮占营业收入比重、城镇饭店业开发投资额、客房数、床位数、住宿、餐饮业增加值等相关指标在内的预警指标体系，并通过 BP 神经网络方法对我国饭店产业预警系统进行了设计。经济型酒店网针对我国经济型酒店的产业景气情况推出了以客房数、平均出租率和平均房价为基础的规模指数、出租指数和房价指数，而经济型酒店的建造成本、总资产、出租率、资产利润率和销售利润率等重要指标还没有形成统一的统计机制，不能纳入景气指标体系（秦炳旺，2009）。游灏等人（2008）从星级饭店经营状况、旅游者相关因素和宏观环境因素三个方面构建了我国星级酒店业景气评价指标体系，并对上海星级酒店业近年的景气状况进行了实证研究，其中饭店经营层面的指标包括营业收入总额、全员劳动生产率、人均实现利润、人均占用固定资产原值、固定资产原值、百元固定资产创营业收入、床位数、平均房价、从业人员数等。另外，住宿和餐饮业城镇固定资产投资、住宿和餐饮业利用外资也是研究文献中普遍重视的两个投资规模指标。

2.旅行社指标体系

根据国家旅游局相关统计规定，旅行社（Travel Agencies 或 Travel Services，TS）是指从事招待、组织、接待旅游者等活动，为旅游者提供相关旅游服务，开展国内、入境或者出境旅游业务的企业。现有的官方历年旅行社统计公报中一般包括三大类指标，即行业规模指标、经营规模效益和业务分项（入境、出境和国内旅游业务）指标。行业规模指标包括旅行社数量、总资产和负债规模、固定和流动资产、就业人员规模等；经营规模效益指标包括营业收入、毛利润总额、净利润总额、实缴税金总额等；业务分项指标除了上述相关业务领域的经营指标，还包括组织人数和接待人数等规模指标。从现有的研究成果来看，也有少量文献涉及旅行社景气指数研究。其中，戴斌等人（2006）有关中国旅行社产业景气循环的研究确定了企业规模景气指数、企业经营景气指数、市场景气指数3项子指标。其中，企业规模景气指数包括企业数量和从业人数两个分指数；企业经营景气指数包括营业收入、利润、利润率、税金、资产和劳动生产率6个分指数；市场景气指数包括入境游、国内游和出境游3个市场的景气指数。其中，每个市场的景气指数由外联人次、接待人次和市场化率3个景气指数组成。

3.旅游景区指标体系

根据国家旅游局相关统计规定，旅游景区（TA，Tourism Attractions）是以旅游及其相关活动为主要功能或主要功能之一的空间或地域，指具有参观游览、休闲度假、康乐健身等功能，具备相应旅游服务设施并提供相应旅游服务的独立管理区。该管理区应有统一的经营管理机构和明确的地域范围，其类型包括风景区、文博院馆、寺庙观堂、旅游度假区、自然保护区、主题公园、森林公园、地质公园、游乐园、动物园、植物园及工业、农业、经贸、科教、军事、体育、文化艺术等各类旅游区（点）。在我国旅游主管部门的历年统计体系中，有关旅游景区的统计指标最不完善。当前相关旅游统计指标有旅游企业规模指标——企业数量、从业人员和固定资产总额；经营指标——营业收入和营业税金等。根据国家旅游局有关规定，从2010年开始全面实施旅游投资信息和旅游景区信息统计制度。

4.旅游综合企业指标体系

景气调查作为一种针对企业和消费者的信息采集方法，具有传统统计调查方法不可比拟的优势。在宏观经济领域，基于景气调查的景气指数已经成为经济景气监测的重要组成部分。国际上一些知名旅游资讯管理机构也尝试针对旅游企业开展相应的景气调查，如浩华顾问管理公司的全球饭店市场景气调查，又如 STR Global 的全球酒店普查数据库（Census Database）拥有超过 10 万家酒店，1 000 万间客房的样本数据。现有的旅游官方统计中更多地关注了全行业规模和经营方面的数据，而且传统的行业统计口径已经开始显露出局限性，不能把近年来新出现的旅游业态涵盖进来，而这部分新兴业态却开始在旅游产业内发挥举足轻重的作用，如大量在线旅游运营商（OTA）、以旅游为主的上市公司、旅游新业态和一些综合旅游集团等。鉴于旅游产业的综合性和多层次性，也为了更准确地从市场运营主体的层面反映整个旅游行业运行走向，课题组可针对该类以旅游集团或上市公司为主的旅游综合企业开展专门的深度景气调查，同时搜集有关信心判断方面的定性数据以及企业经营层面的数据，也从规模、绩效和就业等层面设计相关景气指数对应的指标体系，并构建旅游企业信心指标体系。此外，还可以将旅游综合企业（TG，Tourism Groups）界定为除旅行社、旅游饭店和旅游景区之外的各种旅游经营业态的统称，并在当前阶段将旅游集团当作旅游综合企业的典型代表。以下是中国旅游协会和中国旅游研究院发布的《2020 年中国旅游集团发展报告》中按营业额这一经济指标进行排名所得的前 20 位旅游集团（表 4-3）。

表 4-3　2020 年度旅游集团营业额 20 强排名（排名不分先后）

公司名称	
中国旅游集团有限公司	复星旅文集团
携程旅游集团华侨城集团公司	春秋集团

北京首都旅游集团有限责任公司	景域驴妈妈集团
美团	南京旅游集团
凯撒集团	同程旅游集团
河北旅游集团	浙旅投集团
山西文旅集团	杭州商旅集团
大连海昌集团	开元旅业集团
锦江集团	黄山旅游集团
携程集团	祥源集团

综上，将旅游产业基本面的初选指标体系归纳如下，如表4-4所示。

表4-4　旅游产业基本面指标体系一览表

旅游产业主体	指标体系
旅游饭店	入住率、平均房价、营业收入、营业成本、营业利润、员工人数、员工工资、固定资产投资
旅行社	接待人数、旅游线路报价、营业收入、营业成本、营业利润、利税总额、员工人数、员工工资、固定资产投资
景区	接待人数、门票价格、营业收入、营业成本、营业利润、员工人数、员工工资、固定资产投资
旅游综合企业	接待人数、旅游价格、营业收入、营业成本、营业利润利税总额、员工人数、员工工资、固定资产投资、企业家信心

（三）发展环境基本面的指标体系

旅游发展环境可以定义为：

$$TDE = DTDE + WTDE \qquad （4-7）$$

式中，TDE为旅游发展环境，DTDE为国内旅游发展环境，WTDE为国际旅游发展环境。在已有的研究文献中，发展环境层面的影响因素受

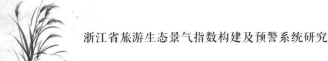

到了普遍重视。倪晓宁、戴斌（2007）的研究认为，旅游作为消费品受到收入和消费水平、投资热度的影响，而在旅游市场景气指标体系中，涉及发展环境的具体指标包括外商直接投资实际利用额、固定资本形成总额、GDP、城乡居民人民币储蓄存款、居民消费支出、全国居民消费水平等指标。雷平（2009）在针对我国入境旅游市场景气指数的研究中，将固定资产投资、进出口和汇率等指标当作发展环境方面的指标进行了合成指数设计。王新峰（2010）在旅游景气研究中选择了 27 项指标，其中旅游产业外部环境指标包括 GDP、全国居民消费水平、城镇居民人均可支配收入、城镇居民家庭恩格尔系数、货物进出口贸易总额、财政支出、外商直接投资实际利用额、固定资本形成总额、汇率、货币、准货币、股票筹资额和参加基本养老保险人数等。最终，本研究将旅游发展环境分为国内和国际两个方面。其中，国内旅游发展环境的影响因素主要有 GDP、交通投资、商品销售、进出口、资本市场和宏观政策等；国际旅游发展环境的影响因素主要有世界旅游、世界经济和世界贸易等。对于这部分反映旅游经济发展环境的指标，研究人员主要通过国内外相关统计机构或者政府部门的信息发布渠道获取相关数据，如表 4-5 所示。

表 4-5　旅游发展环境数据信息

指　标	具体内容
宏观经济	GDP、交通投资、商品销售、进出口、资本市场
政策环境	旅游政策、公共政策
国际旅游	世界旅游人数、世界旅游收入
世界经济	世界经济增长、世界贸易增长

（四）信心指标体系

信心景气也是基于景气调查的景气监测内容。近年来，消费者信心指数、企业景气指数、采购经理指数等已经成为我国宏观经济监测指数的重要内容。除现有的反映宏观经济环境下消费倾向和主观判断的消费者信心指数、企业家信心指数、经济学家信心指数，还考虑到旅游产业语境下一些特殊的信心景气表现，发展出了一些具有产业特殊性的信心指数。在国际上，一些旅游组织和机构也开展了旅游相关景气调查，并设计了相应的景气指数。例如，美国旅行协会按季度发布的旅行者意愿指数（TSI，就是一个与消费者信心指数类似的反映旅游消费者消费信心或者意愿的指数），通过对 2 000 多名游客的旅游态度进行问卷调查，结合六大类指标的调查结果合成旅游意愿指数。此外，浩华管理顾问公司也定期发布全球饭店市场景气指数，即在每半年针对全球 1 500 多位酒店经营者进行一次问卷调查的基础上，设计了反映全球各大区域市场和重点国家、城市饭店市场的信心景气指数。构成该景气指数的指标来源主要是饭店经营者对饭店经营指标（出租率、平均房价和总收入）的判断和对宏观经济环境影响下市场前景的预期。现阶段，在我国旅游经济实际工作中，相关人员对居民出游意愿（Travel Propensity）、游客满意度（Tourism Satisfaction）、城市旅游人气（Urban Destination Arrivals）等方面极为关注，而旅游专家信心（Tourism Expert Confidence）和旅游企业家信心（Entrepreneur Confidence）作为反映旅游经济运行走势的主观判断指标，显然也非常重要。因此，本研究也定期发布上述领域的信心景气重点监测指数。这部分指标的统计数据主要通过景气调查获取。具体指标内容设计如下。

1.居民旅游意愿

居民旅游意愿是指城乡居民未来某一时期内计划到某一目的地出游的比例。本研究根据实际工作需要，将"某一时期"确定为未来 3 个月，将"某一目的地"划分为省内、中国内地、港澳台地区和国外等。在调查中涉及的相关指标主要包括旅游态度和意愿方面的具体指标。

2.旅游企业家信心

旅游企业家信心是指企业家对旅游行业等企业外部市场环境和宏观政策等在未来一段时期发展形势的认识、看法、判断与预期评价，一般使用"非常乐观、乐观、一般、不乐观、非常不乐观"等评价用语。"未来一段时期"既可以包括尚未结束的计算期，又可以是下一个计算期、未来半年

或一年等。以该类调查指标为基础编制指数，可综合反映企业家对宏观经济环境的感受和信心。

3. 旅游专家信心

旅游专家信心是指旅游经济研究人员对未来一段时期旅游行业发展形势的评价，评价指标和方法等与企业家信心相同。世界旅游组织发布的"全球旅游晴雨表"中也包含专家信心景气调查情况，就是将旅游专家对旅游经济的评价和短期预测，按照"不变""更好""更差"三种主观选项进行的定性判断结果定量转化合成指数。

目前，本研究着重以反映市场信心状况的居民旅游意愿和反映产业主体信心状况的旅游企业家信心两方面的景气调查结果作为旅游经济信心景气指数的主要指标来源。由此可以把旅游经济运行的信心指标定义为：

$$TWC = TW + TC \qquad （4-8）$$

式中，TWC（Tourism Willingness & Confidence）为旅游经济运行信心指标，TW（Tourist Willingness）为市场方面的旅游消费意愿，TC（Tourist Confidence）为产业方面的企业家信心。

综上所述，基本确定了反映旅游经济运行情况的各个方面，确定了初选景气指标体系，为进一步通过定量、定性方法筛选、确立旅游经济景气指标体系奠定了基础，如表4-6所示。

表4-6　中国旅游经济运行动向的初选指标体系

一级指标	二级指标	是否定量
市场需求	国内市场	是
	入境市场	是
	出境市场	是
	相关市场	是
产业运行	就业	是
	绩效	是
	规模	是

续　表

一级指标	二级指标	是否定量
信心景气	专家信心	否
	企业家信心	否
	居民旅游意愿	否
	消费者信心	否
	游客满意度	否
发展环境	国内	是
	国际	是

三、先行、一致、滞后指标的构建

影响旅游经济运行波动的因素较多，如市场、产业和发展环境基本面以及信心判断等方面的指标，需要处理的数据量非常大。这就要求进一步从经济的重要性、统计的充分性和统计的适时性等方面进行综合评价，从众多的指标中精选少量内涵丰富且独立性强的指标构成景气指标。在此过程中可先根据经验分析以及简单相关系数法剔除部分信息重复程度较高的指标，然后通过判断各指标与景气波动基准循环指标的对应关系来分类，即确定先行、一致、滞后指标体系。在经济景气研究领域，研究人员通常运用时差相关分析、K–L信息量分析和峰谷对应法等来判断各指标的先行、一致和滞后关系。

（一）数据准备和处理

目前旅游经济景气研究中，数据是否具有充分性是一个重要问题。中国有关旅游产业的统计数据非常欠缺，大部分为年度数据，但只有月度数据和季度数据才能对未来的经济景气状况作出相对准确的预测。旅游统计数据的欠缺导致使用月度或季度数据预测旅游指数时会缩短景气指标的统计年限，因此绝大部分国内学者仍然采用年度数据对旅游指数进行测算（王新峰，2010）。事实上，由于统计数据的完备性问题，即使在宏观经济景气分析中，采用年度数据的探索性研究也不乏其数，这也是理论研究在研究

现实条件约束下的一种权宜处理，毕竟这种方法可以为未来更为丰富的月度、季度数据分析提供一种理论准备。旅游产业数据不完善并非我国独有的现象，蔡（2003）针对美国饭店产业景气的研究指出，月度数据等更短周期内的数据注重细节却缺乏足够的趋势动态性，而最理想的季度数据不够完善，所以尽管存在景气循环转折点判断精确性的问题，但还是采用了年度数据。毫无疑问，在研究我国旅游经济问题时如果局限于月度或者季度数据，则可选的指标数量就非常有限，实际上现有旅游景气研究中过多地采用宏观经济指标也客观反映了合适时间度量范围内旅游统计数据的有限性。笔者也对此问题作了充分考虑，认为目前年度数据基础上的定量研究仍不失为景气指数模型构建的有益参考，更为重要的是，要将定量筛选和理论、经验分析结合起来综合权衡指标体系的构建。时差相关分析等定量研究要求相关指标的时间序列在长度和数据类型等方面具有一致性。因此，目前只能对部分统计信息充分的指标进行相应的定量研究，更多的指标则只能从经济意义和经验判断上考虑补充到先行、一致、滞后指标体系中来，进一步量化还需要等到将来数据条件具备的时候。同时，课题组通过景气调查和统计数据收集已经启动了相关经济指标季度、月度数据的整理和累积工作，并以此数据基础开始了更为复杂的合成指数模型构建。

（二）基准指标的确定

时差相关分析法的基本原理是选择敏感的、反映当前经济活动的经济指标作为基准指标，然后使被选择指标超前或滞后若干期，计算它们的相关系数。因此，基准指标选择的第一原则是选择最能反映旅游经济总体运行状况的指标。蔡等人（1999）将饭店业的年度总收入当作基准循环指标对美国饭店业的景气循环进行了研究，认为年总收入指标既包含了价格要素，又包含了规模（客房数）要素，是一个理想的指标。但随后在有关美国饭店业的预警指标体系研究中，笔者进行了进一步修正，将饭店业总收入的年度同比增长率当作基准循环指标（蔡，2003）来确定先行、一致、滞后指标体系，并进行了实证检验，发现具有很好的景气监测功能。雷平

（2009）针对入境旅游市场景气指数编制的研究中以外国游客入境旅游人次为基准指标，认为该指标与外国游客入境旅游外汇收入这一指标的相关性非常好。阎霞（2008）在饭店产业景气循环的研究中认为，饭店房间数只是衡量饭店企业规模的一个指标，无法全面反映饭店产业的发展状况，最后选择了房间数、从业人员、固定资产、客房出租率等8个饭店产业指标作为合成基准循环指标的基础指标。游灏等人（2008）针对星级酒店景气循环的研究中则把主营业务收入额作为基准循环指标。结合我国旅游产业的发展特征可知，仅仅反映规模的总量指标不能反映出旅游经济增长的质量特征，而采取合成指标的方法则受到指标时间序列数据类型一致性的局限。因此，我们可先以旅游总收入的年度增长率为备选基准循环指标，因为这一个指标既包含了旅游经济的总量规模，又在一定程度上反映了经济发展的质量。目前旅游总收入这一指标的统计数据在较长的时间序列上仍局限于年度数据，因此我们可根据经验选择若干具有年度、季度数据的其他备选指标，然后进一步筛选出与旅游总收入同步性较好的指标，以合成最终的基准循环指标。考虑到统计口径的连贯性和可比性，以及季度数据的完备性等因素，最终选取入境旅游外汇收入、出境旅游人数、城镇居民旅游总花费三个最有代表性的指标，作为合成旅游经济运行基准指标的基础。我国旅游产业在1998年被确定为国民经济新的增长点，三大市场全面发展，旅游产业开始进入相对平稳、大众化的发展阶段。虽然出境旅游花费在国家层面属于支出的范畴，且近年来出境旅游花费的高速增长在一定程度上反映出市场阶段的不成熟特征，但出境旅游发展对于国内旅游产业发展的贡献不容忽视。同时，考虑到统计因素相对于出境旅游花费、出境旅游人数能更准确地反映出境旅游市场的发展状况，所以确定入境旅游外汇收入、出境旅游人数和城镇居民旅游总花费三个指标能较为全面地反映旅游经济在三大市场层面的运行态势。首先，对三个指标的年度数据增长率序列进行直接观察，发现它们都与旅游总收入增长率的时间序列具有较好的同步性。其次，通过时间序列的交叉相关函数分析，发现经过平稳化处理的入境旅游外汇收入、出境旅游人数、城镇居民旅游总花费增长率序列与旅游总收入增长率序列都在延迟数为零时交叉相关系数最大，且

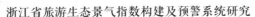

都在 0.7 以上。至此，大体上可以判定，上述三个指标跟旅游总收入这一指标的波动具有较好的同步性，可以用来合成反映旅游经济总体运行动向的基准指标。

为了便于后期以季度数据为基础进行景气指数的计算，当前需保证各指标时间序列长度和数据类型上的统一性，同时综合考虑统计口径的变动因素，以及突发事件对旅游业，尤其是入境旅游的影响，如 1997—1998 年发生的亚洲金融危机，进入 21 世纪后，"9·11"事件等波及国际旅游业的危机事件时有发生。对此，选取 2000 年为基年，并使用上述三个指标对 2001—2010 年间的季度数据进行无量纲化处理，在专家意见调查的基础上通过前述方法确定各个指标的权重，合成基准指标。

（三）先行、一致、滞后指标组的选择

1. 确定指标关系

在本研究中，研究人员可以使用时差相关分析法来确定指标的先行、一致、滞后关系，即通过计算超前或滞后若干期的被选指标与基准指标概率分布的接近程度来确定超前期或滞后期。设 $y=(y, y_2, \cdots, y_n)$ 为基准指标，$x=(x_1, x_2, \cdots, x_n)$ 为被选择指标，r 为时差相关系数，则有：

$$r_l \frac{\sum\limits_{l=1}^{ni}(x_{l-1}-\bar{x})(y_{l-1}-\bar{x})}{\sqrt{\sum\limits_{l=1}^{ni}(x_{l-1}-\bar{x})^2(y_l-\bar{x})^2}}; \quad l=(-L,\cdots,-1,0,1,\cdots,L) \qquad （4-9）$$

其中，l 表示超前期或滞后期，l 取负数时表示超前期，取正数时表示滞后期，L 为时差或延迟数。l 是最大延迟数，n 是数据取齐后的数据个数。其中，最大的时差相关系数反映了被选指标与基准指标的时差相关关系，相应的延迟数表示超前期或滞后期。根据已有相关研究经验判断，我们可将最大延迟数 l 定为 5。为了进一步精简有代表性的指标并便于计算，鉴于已有研究成果的经验，可将每组指标数量限定在 10 个以内，由此选择每组相关系数最大的指标。

在进行上述筛选过程的基础上，研究人员可进一步通过比较季度数据获取的时滞性（如部分宏观经济指标虽然通过历史数据测算具有先行性，但在现实中获取时间却大大滞后于旅游经济预警数据发布的时间）、经济重要性等重新进行评估调整，最终确定相应的先行、一致和滞后指标体系。

2.一致、先行、滞后指标组的确定

（1）一致指标组的选择

一致指标是指该指标达到高峰和低谷的时间与周期波动基准日期波动的时间大致相同。在本研究中，一致指标的选择还综合考虑了以下因素。

其一，从整体旅游经济运行周期波动特征来看，在扩张或者收缩期，旅游需求、供给面的规模和绩效指标都会处于不同程度的上升或下降过程中，因此一致指标应该包含旅游经济运行市场和产业基本面的内容。

其二，基于常用筛选方法分析，一致指标应该在图形上显示出与基准循环大体一致的波动趋势，且要选择时差相关系数大的指标。

其三，指标的经济意义作为筛选的重要原则贯穿始终，如果两个指标的经济意义比较接近，可保留一个作为景气指标。

这样经过反复的比较、判别，最终确立如下一致指标组（表4-7）。

表4-7　一致指标组的指标内涵

指标类型	指标名称	指标含义	指标性质
市场情况	入境旅游人数	反映入境旅游消费需求水平	正向指标
	国内旅游人数	反映国内旅游消费需求水平	正向指标
生产能力	星级酒店总资产	反映星级酒店总资产规模	正向指标
	星级酒店全员人数	反映星级酒店劳动资源	正向指标
	景区总资产	反映景区总资产规模	正向指标
	景区全员人数	反映景区劳动资源	正向指标
	旅行社总资产	反映旅行社总资产规模	正向指标
	旅行社总人数	反映旅行社劳动资源	正向指标

指标类型	指标名称	指标含义	指标性质
经营效率	星级酒店平均出租率	反映星级酒店主营经营效率	正向指标
	景区接待人数	反映景区主营经营效率	正向指标
	旅行社组团接待人数	反映旅行社经营效率	正向指标
	旅行社组织出游人次	反映旅行社经营效率	正向指标
经营效益	星级酒店营业收入	反映星级酒店盈利能力	正向指标
	景区营业收入	反映景区盈利能力	正向指标
	旅行社营业收入	反映旅行社盈利能力	正向指标

（2）先行指标组的选择。

先行指标是指波动过程中领先于基准循环的指标。这种指标的波动次数与基准循环相同，所有波峰和波谷的发生时间均比基准循环早3个月以上。先行指标的波动强度最好是与同步指标接近，并且先行的月份数越稳定越好。若能找出性能优异的先行指标，那么不仅能预测经济变动趋势，还能预测经济的转折点。在先行指标的选择上，同一致指标的选择类似，也要综合考虑经济意义、图形比较、时差相关系数和 K-L 信息量的结果等。然而，要找到严格意义的先行指标并不是一件很容易的事，尤其在我国旅游经济统计背景下，一些理论上有可能先行的指标大多没有统计数据，如出游意愿。因此，只能退一步去寻找那些具备先行特征的指标，这些指标可称为局部先行指标，是指在某些波动类型下具有先行作用的指标，也可以指波谷领先的指标或波峰领先的指标。局部先行指标在分析经济走势时可发挥重要作用，但不可能像先行指标那样综合成先行指数（表4-8）。

表 4-8　先行性指标组指标内涵

指标类型	指标名称	指标含义	指标性质
供给要素	星级酒店平均建造成本	反映星级酒店供给基础成本	负向指标
	旅行社平均建造成本	反映旅行社供给基础成本	负向指标
	景区平均建造成本	反映景区平均建造成本	负向指标
需求要素	地区生产总值	反映旅游中心城市的消费潜力	正向指标
	居民物价消费指数	反映旅游中心城市的消费需求潜力	正向指标
	住宿和餐饮业景气指数	反映旅游中心城市住宿和餐饮业综合需求水平	正向指标

由于旅游经济运行的多层面性，以及可供选择的具有完备季度数据的相关指标的有限性，从旅游经济层面很难确定合适的先行指标来进行模型运算。通过对相关性强弱、时滞关系和经济意义的重要性等进行判断，最终仅有上述宏观经济指标通过了相关筛选，确定为先行指标。

（3）滞后指标组的选择。

严格来讲，滞后指标波动过程滞后于基准循环的指标。这种指标的波动次数与基准循环相同，所有波峰与波谷的发生时间均比基准循环晚 3 个月以上。所以，滞后指标通常可以用来确认经济走势是否发生改变。同前述两类指标的选择方法类似，滞后指标选择也需要综合考虑经济意义、图形比较、时差相关系数和 K-L 信息量的结果等。但已有的研究文献表明，旅游经济景气指标研究尚处于探索阶段，先行、一致和滞后指标的对应关系还不是很强，尤其是在编制反映谷底的滞后合成指数时还没有发现真正合适的潜在指标。而且，统计数据的不充分性也进一步决定了本研究目前的滞后指标设计只能停留在理论分析和经验判断的层次，未来需要更深入地探索（表 4-9）。

表4-9　滞后性指标组指标内涵

指标名称	指标含义	指标性质
从业人数	反映对旅游从业意愿的影响	正向指标
旅游人气指数	反映对旅游业发展的影响	正向指标
旅游者满意度	反映对旅游满意度的影响	正向指标
员工工资	反映对旅游从业者福利提高的影响	正向指标
税金	反映对旅游业税收的影响	正向指标

上述反映旅游经济景气的先行、一致和滞后指标组确定后，就可以构建相应的先行、一致和滞后指数。通过定期分析它们之间的对应关系，可以较早地预测经济波动的变化方向和转折点的出现，以尽早采取调控措施。

四、预警指标体系的构建

从宏观经济领域来看，虽然景气指数对于了解未来经济走向有一定帮助，但由于一致指数涉及的指标较少，所以在判断当前经济运行的状态时还不是很理想。另外，人们对于一致、先行和滞后指标的理论认识存在争议，同时数据基础不全面等原因造成了构建一致指数比较困难。以上所述导致先行指数及一致指数的编制结果在反映国民经济运行态势方面并不是很令人满意。因此，构建预警指标体系也就成了我国宏观经济监测预警的主要内容。客观地讲，上述景气动向指标编制问题在旅游经济领域也同样存在，且更为突出。一方面，旅游统计数据的完备程度落后于宏观经济；另一方面，正在进行的旅游经济监测预警研究，无论国内外几乎都处于一个完全空白的状态，对于各种指标的理论研究刚刚起步。对此，要将构建旅游经济预警指标体系作为旅游经济预警系统的基础，以辅助旅游经济景气动向指标分析。同时，旅游经济预警指标体系和预警信号的结合能够弥补一致指数不能直观描述当前经济运行状态的不足。同而且，预警指标以考虑统计指标的经济意义为主，不像一致指数的构成指标必须与基准循环一致，这样可以把宏观调控的主要目标完全考虑进来，组成一个全面、系统的预警评分体系。

（一）预警指标的筛选依据

1. 指标的经济重要性

旅游经济监测预警系统的建立是为了判断当前经济运行状态，所以预警指标应能反映旅游经济总体运行态势。从各国建立经济景气监测预警信号系统的实践来看，一般选取 10 个左右预警指标。

2. 指标体系的灵敏性

由于预警指标体系的构建充分考虑到当前宏观经济调控的主要目标，因而具有阶段动态性特征。这就决定了一方面必须选择对经济波动反应比较灵敏的指标，另一方面为了更好地反映旅游经济运行的动态性，对于已选取的预警指标和相应的预警界限，应随着经济发展状况的变化进行及时修正，一般是一个景气循环过后做一次修正。

3. 指标的操作性

预警模型是为了弥补景气监测指标体系理论和统计充分性不足造成的预测功能缺陷而建立的。因此，预警系统更注重对当前旅游经济运行动向的明晰判断，这就要求研究者更注重评价性指标的引入并力求全面反映出旅游经济运行动向，同时预警指标体系所采纳的各项指标应力求能够从广泛的经济数据中获取相关的信息，并且无论是统计还是计算都应具备可操作性。因此，一些主观性较强且时间序列较短的信心指标暂时不纳入该指标体系。

（二）预警指标的筛选和确定

旅游经济预警指标体系应该由最能敏感反映旅游经济波动情况的指标组成。因此，相关指标的筛选应该建立在旅游经济波动的敏感性因素分析基础上。这就要求预警指标的选定要具有全面性，一方面要考虑到旅游市

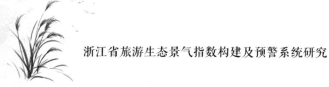

场、旅游产业等旅游经济运行的主要方面；另一方面，既要包括外部均衡方面的指标，又要包括产业内部经济变行情况指标。在初步确定旅游经济运行指标体系构成的基础上，本研究先在经济意义重要性的基础上对部分指标进行了相关性分析，筛掉了部分信息交叉重叠程度较高的指标。之后，采用了综合评价方法，经过反复研究和试运行，并充分考虑到指标对应统计数据的稳定性、客观性和一致性因素，最终从主体构成上选取了先行、一致、滞后指标组中的八个关键指标：国民生产总值（先行）、住宿业营业额（一致）、社会消费品零售总额（先行）、国际旅游外汇收入（一致）、旅游出境人数（一致）、客运量（滞后）、生态指标（滞后）、星级饭店平均出租率（一致）、旅客满意度（滞后）和饭店入住率（一致）。这些指标被认为能够充分反映先行、一致和滞后指标组的运行情况，全面覆盖旅游经济运行的市场、产业、发展环境层面，还能兼顾反映产业运行的规模、效益和动向指标。考虑到目前数据的一致性和保持预警结果的客观性，信心层面指标暂时没有入选。而游客满意度的入选则因充分考虑了围绕当前旅游发展战略目标即重点监测旅游经济运行质量的重要性。另外，为了强调产业运行的动向特征，反映饭店产业运行状态的指标——饭店入住率也成为一个重要的预警指标。这是因为考虑到几个主要子产业中饭店产业的运行一方面相对较为成熟稳定，保证了指标数据的稳定可靠性和一致性，另一方面更能相对敏感地反映出旅游市场的动态变化特点。根据以上分析，可以将预警指标定义为：

TEEAI=f（城镇居民旅游花费、入境旅游外汇收入、出境旅游人数、营业收入、饭店入住率、旅游业固定资产投资、预订人数、旅游价格、从业人员、平均工资、游客满意度）

式中，TEEAI为旅游经济运行预警指标，f为预警指数与各项构成指标之间的函数关系。

第五章 旅游生态经济景气指数预警体系实证研究

第一节 浙江省旅游产业现状分析

浙江省地处中国东南沿海长江三角洲南翼，东临东海，南接福建，西与江西、安徽相连，北与上海、江苏接壤，全省陆地面积 10.18 万平方千米，海域面积 26 万平方千米，有长达 6 500 千米的海岸线，海岸线总长度和岛屿数量都位居全国第一位。浙江省内地形复杂，主要以山地、丘陵为主，有"七山一水两分田"的说法。浙江水网密布，有钱塘江、瓯江、京杭大运河、西湖、千岛湖等河流和湖泊，因此自古以来就有"鱼米之乡""丝茶之府""文物之邦""旅游胜地"之名。改革开放以来，在浙江省各级党委、政府的高度重视之下，浙江省旅游产业呈现出健康发展的良好态势，其间从无到有，从小到大，从弱到强，走过了从"边缘产业"到"优势产业"再到"国民经济支柱产业"艰难而辉煌的历程，并形成了具有地域特色和典型示范意义的发展模式。

《浙江省旅游业发展"十三五"规划》中提出，浙江旅游业必须以"创新、协调、绿色、开放、共享"五大发展理念为引领，在改革创新中增强发展动力、在优化布局中推进全域发展、在平台建设中加快集群发展、在精准施策中做强乡村旅游、在融合发展中丰富产品供给、在行业转型中提升产业素质、在配套完善中提升公共服务、在品牌建设中扩大市场份额、在开发合作中加快发展步伐、在惠及民生中彰显社会功能，把旅游业打造成为全省未来发展的重点产业。

一、浙江省旅游业发展现状

（一）旅游业发展呈现良好趋势

2019 年，国内旅游人数达 7.22 亿人次，旅游总收入达 1.072 7 万亿元，

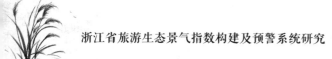
浙江省接待入境旅游人数将近 467.11 万人次。2020 年，全球新冠疫情爆发，对整个旅游业产生了巨大的冲击，全国各省份都出现了旅游收入和旅游人数下跌的现象，而在这样的形势下，浙江省旅游业表现出了非常强的抗风险能力，从陆续公布的各省份旅游产业数据来看（表 5-1），浙江省旅游收入达到了 8 275 亿元，不仅一举将与江苏近 4 000 亿的差距抹平，而且实现了反超，旅游收入排名坐三望二。

表 5-1　2020 年全国旅游总收入（前十名）

单位：亿元

排名	省份	收入
1	浙江省	8275
2	湖南省	8262
3	江苏	8251
4	广西	7268
5	四川	7173
6	云南	6477
7	山东	6020
8	江西	5420
9	福建	5070
10	河南	4813

（二）旅游产业结构呈多元化发展格局

浙江省的经济支柱就是旅游产业，在旅游产业化发展的今天，与其相关的旅馆酒店行业、旅游商贸行业、交通行业都起着举足轻重的作用。根据文旅部提供的数据显示，2019 年浙江共有 528 家星级酒店。近 5 年来，浙江省星级酒店整体数量呈现下降趋势，5 年一共减少 160 家星级酒店。从星级酒店构成来看，三星级酒店占据浙江星级酒店较大市场，2019 年，浙江共有 203 家三星级酒店，174 家四星级酒店，80 家五星级酒店，而一星级和二星级酒店分别为 4 家和 67 家。2019 年，浙江省星级酒店实现营业收入 160.59 亿元，全国排名第五；浙江星级酒店实现利润总额 0.81 亿元，全国排名第十一。2019 年，浙江省星级酒店平均房价为 359.36 元/间夜，星级酒店出租率为 56.26%，高于全国平均水平 55.18%。

（三）旅游产业对国民经济发展的推动

旅游产业属于劳动密集型产业，随着浙江省近几年旅游产业的发展，拓宽了就业渠道，为政府解决了大量的就业问题。旅游产业带动就业主要体现在一下两方面：一是直接带动。政府每投资一个旅游产业景区，就会带来上百人，甚至上千人的就业机会。二是间接带动。例如，当旅游产业增加 1 个就业岗位，那么对于社会来说就会增加至少 4 个岗位，如交通方面的岗位、酒店方面的岗位、餐饮娱乐方面的岗位等。

浙江省的旅游产业大大吸引了外来人口在省内的消费，极大地促进了浙江省的城市建设、经济建设等，具有改善投资环境的作用。旅游业的一个显著特点就是利用"风景创汇""古迹创汇""服务创汇"，创汇能力强，换汇成本低，旅游换汇 1 美元的成本仅为外贸换汇成本的 7%。旅游收入，特别是旅游外汇收入的快速增长，为浙江省增加外汇储备、增强经济实力增添了助力。另据测算，目前浙江省接待境外游客的人数增长与利用外商直接投资增长之间的相关系数达到了 0.83，与外贸出口增长的相关系数更是达到了 0.96，均为高度正相关。

（四）旅游产业促进城市生态发展

目前，绝大多数的旅游产业都是以环境为资源，如果没有良好的环境，根本无法吸引游客，那么旅游的意义也就消失了。由于旅游产业在浙江省属于支柱产业，所以政府非常重视旅游景区的生态环境发展。旅游业的发展，使山川增色、城市改观，促进了社会经济的发展。

浙江省的杭州、宁波、绍兴、金华、温州等 10 个市县在创建中国优秀旅游城市过程中，在河道治理、城市绿化、旧城改造、新区建设、道路改

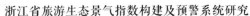

建新建等方面投入了大量的资金和人力，居民素质和文化修养普遍提高，极大地改善了城市的生态环境和投资环境，精神面貌焕然一新，形成了各具特色、品牌鲜明的优秀旅游城市形象。

二、浙江省旅游业发展的几个方向

（一）生态旅游

浙江省基于丰富的生态旅游资源和优美的自然生态环境，使得生态旅游得到较快发展。为了规范生态旅游发展，2008 年当地相关人员编制完成了《浙江省生态旅游规划》（以下简称《生态旅游规划》），《生态旅游规划》提出了"坚持节约资源、保护环境的基本原则，促进人与自然和谐发展；塑造生态友好产业形象，推动全省生态旅游持续健康发展；尽快把浙江省建设成为华东地区秀美的生态旅游乐园、国内领先的生态旅游示范地和世界闻名的生态旅游目的地"的总体目标。工作人员要让生态旅游发展理念得到全面推广，使节能环保技术在旅游领域广泛应用，益于生态旅游的资源得到充分保护；建立与生态旅游相关的制度、标准与技术体系，使生态旅游区经营管理达到国内先进水平；培养一批生态环境保护与旅游经营管理相融合的高素质经营管理者和服务人员；有重点、有次序地推出一批生态旅游示范项目，逐步构建较为完善的生态旅游产品体系，不断扩大生态旅游产品的市场影响力，推进生态旅游持续健康发展。浙江省要努力使旅游区环境达标率提升到 100%，省级生态旅游区力争达到 70 个，旅游经营者中层以上管理人员接受生态旅游业务培训率达 80% 以上，接受过生态旅游培训的导游达 50%，A 级旅游区导游解说系统生态化改造率达 100%；使绿色饭店总数达 400 ~ 500 家，旅游场所建成生态厕所比例达 80%，形成 30 ~ 50 家在长三角洲地区有市场号召力的生态旅游示范经营企业，以及 20 ~ 30 家在全国有市场号召力、在国际市场有影响力的生态旅游示范经营企业。浙江将全省分为 6 个旅游生态保护区，具体发展情况如下。

1.浙东北平原水乡景观保护区

其主要包括钱塘江河口地区、宁绍平原和杭嘉湖平原。区内湖泊众多，水网密布，有"水乡泽国""鱼米之乡""丝绸之府""文化之邦"的美誉。该区大力发展平原湿地生态旅游，推进平原农业生态旅游，加强运河古镇及南太湖生态旅游，开发有江南水乡特色的生态旅游项目和产品体系。

2.浙西北低山丘陵生态保护区

其主要包括天目山脉、千岛湖流域和钱塘江中游。该区是浙北地区重要的生态屏障，也是杭嘉湖地区的水源供给地，是浙江省"黄金旅游"之地。该区以森林生态旅游和湖川生态旅游为重点，着力打造"天目山""千岛湖""竹乡""古生态"等生态旅游品牌。

3.浙中丘陵盆地生态保护区

区内有金华江、浦阳江、衢江、曹娥江等钱塘江水系，有奉化江等椒江、甬江水系；丘陵起伏平缓，由河谷中部向南北两侧呈阶梯状分布。该区重点发展地文景观生态旅游、古村落生态旅游、盆地农业生态旅游等。

2.浙西南山地森林生态保护区

其主要含钱塘江、瓯江和飞云江流域，包括衢州、温州、丽水、台州、金华五个市的近 30 个县（市、区），是浙江省山地面积最大、海拔最高的一个生态保护区，是瓯江、飞云江、鳌江、乌溪江、江山港、武义江的发源地，为华东地区著名的生态高地。该区着力发展森林生态旅游、高山湿地生态旅游、水利生态旅游、畲乡风情生态旅游等。

5.浙东丘陵沿海生态保护区

区内有温黄平原和温瑞平原，有甬江、椒江、瓯江、飞云江和鳌江五大入海河流的河口和象山港、三门湾、乐清湾，滩涂资源比较丰富。该区着力发展河口、港湾生态旅游，推动了沿海及近岸渔业生态旅游等。

6.浙东南海洋生态保护区

从北部的嵊泗到南部的南麂列岛，海岛礁石众多，旅游资源密集，而又相对集中分布于舟山群岛、洞头列岛、南麂列岛等岛屿区。该区着力发展海岛风情生态旅游、海洋生态旅游等。

根据《生态旅游规划》，浙江省需加大生态旅游发展力度，以环境友好保护开发、分类指导重点推进、尊重自然发挥特色、多方协作社区共享为发展原则，针对不同生态旅游区实行不同的保护与开发方式，重点做好加强生态旅游管理、建设生态化旅游设施、加强旅游区生态环境保护、普及生态旅游教育四个方面的工作。同时，浙江省要通过建立健全相关法规和标准、构建生态旅游发展新机制、完善和创新资金筹措机制、加强人才队伍建设和强化生态旅游科技支撑等生态旅游发展保障措施，使生态旅游取得较好、较快的发展。

（二）全域旅游

全域旅游是指在一定区域内，以旅游业为优势产业，通过对区域内经济社会资源，尤其是旅游资源、相关产业、生态环境、公共服务、体制机制、政策法规、文明素质等进行全方位、系统化的优化提升，实现区域资源有机整合、产业融合发展、社会共建共享，以旅游业带动和促进经济社会协调发展的一种新的区域协调发展理念和模式。

我国旅游业已经从"景点旅游"时代迈向"全域旅游"时代，休闲旅游、度假旅游等旅游方式取代传统的观光旅游成为当下的热点。在全域旅游时代，旅游资源的界定不再局限于景区，资源的价值内涵和外在条件发生了新的变化，这对旅游资源科学评价也提出了新的要求。全域旅游是以资源遍在化、服务休闲化、产业融合化、管理综合化和全民共享化为特征的一种新的区域经济社会发展理念。随着全域旅游时代的到来，旅游资源的休闲游憩价值、整体性价值、生态环境价值和社会文化价值将得到凸显。全域旅游视角下的旅游资源评价体系既有对旅游资源自身价值的评价，又包含对区域旅游环境的分析，体现了全域旅游时代的主要特征，拓展了旅游资源的价值内涵。浙江省旅游资源整体品质优良，储量丰富，全域旅游潜力分区和特色资源鲜明，未来可构建"一轴三核三区"的空间开发格局，通过全域资源整合、优势资源做强、多级资源联动和全民资源共享，建设全域旅游示范区和国际山地生态旅游目的地。

浙江省生态旅游和全域旅游作为发展方向，对旅游经济产生了很大的影响，相应地，也会对旅游经济的监测和预警系统的构建产生影响。

第二节　生态旅游景气指数选取及预警模型构建

一、景气指数分类

对浙江省旅游景气指数进行实证研究，必须从城市旅游的特点出发，确定景气指数，同时基于对浙江省区域的相关分析，从以下三个方面选取指数。

一是需求因素方面，地区生产总值水平对城市各行业都具有很大的影响，只有人民生活质量达到一定水平后才会促进旅游业的发展。旅游是受经济环境影响深远的产业之一，从1991—2011年我国国内生产总值和国内旅游业收入的对比可以看出，以国内旅游为代表的旅游业增长和GDP增长呈密切的正相关关系，因此在考虑城市旅游景气情况的时候，首先要将地区生产总值纳入指标范围。

二是城市的旅游市场客源。国内客源数量大、占比大，国际客源也有很大的数量。城市旅游的景气度与国内外旅游者的参观人数程度息息相关，因此入境旅游人数也被纳入了游客指标中，而为了便于从旅游的统计口径入手，相关研究人员采纳了旅行社外联组团接待人数和旅行社组织出游人次，其中旅行社外联组团接待的人中，既有国内游客，又有国外游客。

三是考量城市旅游的指标体系。本书立足于旅游产业发展的几个要素进行探究，即旅行社、景区和星级酒店。其中，旅行社指标有两项，即旅行社外联组团接待人数和旅行社组织出游人次；景区指标有两项，即旅游景区接待人数和旅游景区收入合计；星级酒店指标有四项，即星级饭店住宿人数、星级饭店营业收入、星级饭店平均房价以及星级饭店平均出租率。

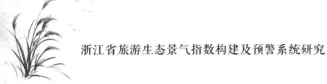

能够预测和表现城市旅游景气程度的指标很多，在宏观方面，一个国家的经济状况，如GDP、物价消费指数和人均可支配收入会对城市旅游的潜在需求和旅游吸引力产生影响。城市旅游本身的宣传力度和营销质量也是其景气程度的一种体现，如城市旅行社接待人数、星级酒店的运营状况和景区的活动情况等。此外，还有一些因素也会直接或者间接对城市旅游的潜在市场产生影响，如天气、突发性疫情等不可预测的因素。景气指数构建的目的就是根据最客观的实际情况对不可知的状况进行最大程度的判断和预测，因此本研究在行文时首先忽略掉了那些具有不可预测因素的指标，而将具有统计意义的指标纳入了考虑范围。

在功能上，可以将指标划分为先行指标、一致指标和滞后指标三种。城市旅游景气指数构建的初衷为判断和预测城市景气所处的状态，从而提前合理分配资源，开展宏微观决策，因此选择景气指标时应以先行和一致指标为主。旅游作为典型的服务业，在生产过程中无需流出资金，是在服务中完成资金的流动，生产过程和消费过程同时完成。因此，城市旅游产业的生产能力、经营效率和盈利能力都可以视为一致性景气指标。

滞后指标是落后于旅游运行周期的指标。从产业运行来说，旅游业出现周期波动，往往会影响政府、投资者、从业人员的决策行为。当旅游市场出现大幅度增长情况时，政府会在一定时期内增加旅游公共投资，社会资本也会纷纷进入旅游业，原本想从事其他行业的劳动力也会进入旅游业，因此滞后指标主要考量旅游投资热度和旅游就业水平。旅游投资热度包括旅游公共投资、旅游企业固定资本形成总额，以及旅游业吸收国外投资额。旅游就业水平主要以旅游就业人数为考虑要素，但在实际运用指标数据的具体过程中，可以根据时差相关系数法判断滞后指标，从而使指标能够更为全面地反映景气状况。

根据以上因素分析，结合浙江省杭州市城市旅游定性、定量数据的取得途径及准确性判断，可确定以下指标作为先行景气指标组、一致景气指标组和滞后景气指标组，如表5-2至表5-4所示。

表 5-2 城市旅游先行景气指标组时差相关系数

指标名称	时差相关系数（绝对值）	滞后期
社会消费品零售总额	0.999	-2
国民生产总值	0.987	-2
城镇居民人均可支配收入	0.999	-2
货物进出口贸易总额	0.919	-1

本研究根据理论分析和经验判断，将社会消费品零售总额、国民生产总值、城镇居民人均可支配收入和货物进出口贸易总额四个指标暂时当作局部先行指标来对待，以上数据主要通过景气调查获取。而在实际的景气分析中，节假日安排、宏观政策等指标目前尚无科学定量，暂不纳入景气指数的运算中，仅作为定性分析的参考指标。

表 5-3 城市旅游一致景气指标组时差相关系数

指标名称	时差相关系数（绝对值）	滞后期
国际旅游外汇收入	0.981	0
入境旅游人数	0.901	0
出境旅游人数	0.927	0
酒店出租率	0.867	0
职工平均工资	0.884	0
酒店住宿营业额	0.725	0
固定资产投资总额	0.891	0
居民消费水平	0.999	0

　　由于上述多数指标参与了基准指标的合成，因此相关系数较大且具有较好的一致性。为了更全面地反映旅游经济的当期运行情况，还必须从产业层面考虑，但产业层面的季度历史数据并不完善。因此，本研究不得不从经验判断和理论分析的角度将国际旅游外汇收入、入境旅游人数、出境旅游人数、酒店出租率、职工平均工资、酒店住宿营业额、固定资产投资总额、居民消费水平八个指标纳入一致指标体系，分别反映不同产业层面的规模和绩效特征，具体数据通过景气调查获取。

表5-4　城市旅游滞后景气指标组时差相关系数

指标名称	时差相关系数（绝对值）	滞后期
旅游生态	0.766	2
客运量	0.938	2
旅客周转率	0.861	2
酒店收入	0.990	2

　　在滞后指标的选取分析中拟定了旅游满意度、从业人数等指标，但是在实际指标选取中，最终确定旅游生态、客运量、旅客周转率、酒店收入四个指标为滞后指标。这部分指标对应的季度数据主要通过统计相关的一手数据加工运算得到结果。

二、旅游景气指标的计算方法

（一）城市旅游景气指标统计数据的无量纲化处理

　　由于各指标的原始数据、来源和类型都不尽相同，再加上数量级相差悬殊，没有可比性，最终会影响景气评价的精确性，所以要对样本选取数据进行科学转化，进而进行无量纲化处理。根据现代周期理论，经济周期的变化是基于相对水平上升或下降过程中的波动循环，而无量纲化是将各种指标的增长速度当作比较的数据，这样就可以消除不同数据单位对综合指数的影响。一般地，可令：

$$Z_{ij} = \frac{y_{ij} - y_j^{\min 2}}{y_j^{\max} - y_j^{\min}} \ , \quad i=1,2, \ \cdots, \ n \qquad （5-1）$$

式中，$y_j^{\max}$、$y_j^{\min}$分别为指标的最大值和最小值。

（二）城市旅游景气合成指数的计算方法

在我国，目前较多采用基于增长率循环的合成指数计算方法来测量经济景气动向，大致步骤如下。

1. 单指标的对称变化率和标准化

对称变化率的推导公式步骤为：

$$C_{it} = \frac{d_{it} - d_{it-1}}{\dfrac{d_{it} + d_{it-1}}{2}} \times 100 = \frac{200(d_{it} - d_{it-1})}{d_{it} + d_{it-1}} \qquad （5-2）$$

其中，C_{it}表示第 i 个指标第 t 期的对称变化率，用百分数来表示。d_{it}和 d_{it-1}分别表示第 i 个指标第 t 期和第 $t-1$ 期的初始样本数据。用 A_t 表示第 i 个指标对称变化率时间序列的序列平均数，N 表示标准化的期数，可得到如下公式：

$$A_t = \frac{\sum_{t-2}^{N} |C_{it}|}{(N-1)} \qquad （5-3）$$

用S_{it}表示第 i 个指标 t 期对称变化率的标准化数值，可得到如下公式：

$$S_{it} = \frac{C_{it}}{A_t} \qquad （5-4）$$

2. 多指标的对称变化率标准化后的加权平均数

$$R_t = \frac{\sum_{i=1}^{k} S_{it} W_{it}}{\sum_{i=1}^{k} W_i} \qquad （5-5）$$

其中，R_t用来表示先行指标或者滞后指标的综合平均对称变化率第 t 期的数值，S_{it}表示第i个指标t期对称变化率的标准化数值，W_{it}用来表示第i个指标的权数，k表示指标项目数。

3. 平均变化率以同步指数标准化

标准化因子F的计算公式如下：

$$F = \frac{\sum_{t=2}^{N} |C_{it}|}{\sum_{t=2}^{N} P_t} \tag{5-6}$$

其中，P_t表示一致指标的综合平均对称变化率时间序列的t期数据，N表示期数。另外，平均变化率以同步指数标准化的计算公式是：$v_t = R_t / F$，其中，$t=2$，3，$\cdots$，n表示期数。

4. 计算合成指数

首先还原为原始指数的时间序列，即环比原始指数，令$I_t =100$，计算公式为：

$$I_t = I_{t-1}(200 + r_t) / (200 - r_t), \quad t=2，3，\cdots，n \tag{5-7}$$

利用指数合成法就可以计算出合成指数，由于之前将基准期没为100，所以每期的景气指数都可以计算出来，从而构成一个统计时段的景气指数走势。

（三）城市旅游景气指标权重的设定

评价指标的赋权方法可分为主观赋权法和客观赋权法。主观赋权法是根据主观经验或专家评判，事先确定各项指标的权重，是一种定性分析方法。其优点是简单明了，缺点有两个：一是权重的确定与评价指标的数字特征无关，权重仅仅是对评价指标反映内容的重要程度在主观上的判断，没有考虑评价指标间的内在联系；二是无法显示评价指标重要程度的渐变性。客观赋权法是根据综合评价指标体系中各项指标的内在联系，运用统计分析方法，确定各项评价指标权重的一种定量分析法。其优点是有效地传递了评价指标的数据信息与差别；缺点是仅仅以数据说话，而无视指标的实际重要程度，把指标的重要性同等化了，导致评价结果欠缺说服力。

对于指标权重的设定，不同的机构采用的方法存在明显不同。世界大型企业联合会在计算合成指数时，对不同指标设计了不同的权重；经济合作与发展组织（OECD）在计算各国的先行指数时，对所有指标设定相同的权重。当采用不等权重时，关于权重设定的方法大致有以下两种。

一是根据评分系统对每个指标打分的结果确定指标的权重，这种方法在确定一致指标的权重时比较有效。评分系统是美国统计学家穆尔和希斯金在60年代提出的，他们所提出的评分系统包括六个方面的要素：①指标的经济意义；②统计的充分性，基于指标统计的全面性、可靠性和统计方法的完备性；③与景气循环的一致性；④峰谷的定时性，依据某一指标与宏观经济景气峰谷的对应关系来判断；⑤序列的光滑性，要求统计数据指标时间序列的变化比较平稳整齐，存在的奇异点较少；⑥指标公布的及时性。二是确定指标的权重时可以考虑这一指标与基准指标的相关系数。例如，在选择滞后指标时，要计算这一指标与基准指标的时差相关系数，计算出来的相关系数可以作为确定先行指数合成权重的依据。本书采用较为客观的赋权方法——变异系数法。

首先，建立评价指标体系，假定该评价指标体系包括 i（$i=1$，2，…，n）项指标，对 j（$j=1$，2，…，n）个评价对象进行评价；其次，根据各个评价对象的实际值计算各指标的平均值和标准差，第 i 项指标的平均值

$X_i = \dfrac{\sum_{j-1}^{m} X_{ij}}{m}$，第 i 项指标的标准差 $\sigma_i = \sqrt{\dfrac{\sum_{i=1}^{m}\left(x_{ij-X_i}\right)^2}{m}}$，再计算各指标的变异系数 $V_i = \dfrac{\sigma_i}{X_i}$；最后，确定各指标的比重 $W_i = \dfrac{V_i}{\sum_{i=1}^{n} V_i}$，并经适当换算得到各

指标的权数 W_i。

三、旅游景气预警指标的计算方法

在分析相关区域经济发展水平的警度测定值与实际发展状况的基础

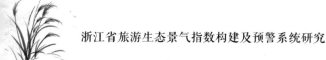

上，参考相关文献和专家的咨询建议，确定各警区和相应的警度状态。当 $0 \leqslant C_t < 5\%$ 时，区域旅游经济发展的实际水平十分接近或等于期望水平的值，此时区域旅游经济发展水平处于无警状态；当 $5\% \leqslant C_t < 15\%$ 时，区域旅游经济发展的实际水平比较接近期望水平，短期内很有可能往期望水平方向发展，此时区域旅游经济发展水平处于轻警状态；当 $15\% \leqslant C_t < 30\%$ 时，区域旅游经济发展的实际水平与期望水平偏差较大，短期内很有可能往离期望水平更远的方向发展，此时区域旅游经济发展水平处于中警状态；当 $30\% \leqslant C_t < 50\%$ 时，区域旅游经济发展的实际水平与期望水平偏差非常大，已经在离期望水平更远的方向越行越远，此时区域旅游经济发展水平处于重警状态；当区域旅游经济发展实际水平与期望水平之间的警度超过 50% 时，旅游经济发展出现严重障碍，即将崩溃，此时旅游经济发展处于巨警状态。在预警系统中，用不同的颜色表示不同的警度级别，浅蓝色代表无警状态，蓝色代表轻警状态，绿色代表中警状态，黄色代表重警状态，红色代表巨警状态。具体内容如表 5-5 所示。

表 5-5 区域旅游经济预警系统警区划分与警度确定

警区划分	警度状态
$0 \leqslant C_t < 5\%$	无警（浅蓝色）
$5\% \leqslant C_t < 15\%$	轻警（蓝色）
$15\% \leqslant C_t < 30\%$	中警（绿色）
$30\% \leqslant C_t < 50\%$	重警（黄色）
$C_t > 50\%$	巨警（红色）

第三节　杭州城市旅游生态景气指数的实证研究

一、杭州城市旅游因素分析

（一）杭州市生态旅游发展状况良好

杭州属于浙江省省会、副省级市，位于我国东南沿海、浙江省北部、钱塘江下游、京杭大运河南端，是浙江省的政治、经济、文化、教育、交通和金融中心，长江三角洲城市群的中心城市之一、是长三角宁杭生态经济带节点城市。在生态旅游方面，杭州是中国七大古都之一，因风景秀丽，素有"人间天堂"的美誉。当地人文古迹众多，西湖及其周边有大量的自然及人文景观遗迹。其中，具有代表性的独特文化有西湖文化、良渚文化、丝绸文化、茶文化等。这些均为杭州市旅游业的蓬勃发展提供了得天独厚的条件。

（二）比较发达的旅游交通体系

方便快捷的交通体系是一个城市发展旅游最重要的条件之一。杭州经过多年的发展，交通条件日益完善，具有较强的竞争力。目前，萧山国际机场共有机位 127 个，开通航线数量 235 条，其中国内航线 196 条、海外航线 7 条、国际航线 32 条。2016 年 12 月，杭州机场年旅客吞吐量首次突破 3 000 万人次，成为国内第十家年旅客吞吐量突破 3 000 万人次的机场，这标志着杭州机场已跃升至全球繁忙机场行列。杭州铁路枢纽是一条拥有 6 个客运站，拥有沪杭、沪乍杭、宁杭、商合杭、杭黄、杭温、杭长、杭甬、杭绍台等 9 条高铁线路，以及沪昆、宣杭、浙赣等 3 条干线铁路引入的大型放射型枢纽。浙江已有数条高速公路，如杭甬高速公路、杭州机场高速公路、杭州湾跨海大桥高速公路、杭长高速公路、杭浦高速公路、杭新景高速公路等。杭州市内交通条件也已大大改善，截至 2020 年 4 月，杭州地

铁运营线路共 5 条，分别为杭州地铁 1 号线、杭州地铁 2 号线、杭州地铁 4 号线、杭州地铁 5 号线、杭州地铁 16 号线，共设车站 120 座（换乘站不重复统计），换乘车站 13 座，运营里程共计 206 千米。

（三）较为完备的旅游配套设施

除了方便便捷的旅游交通条件之外，完善的旅游接待服务设施也是衡量城市水平高低的重要标准。随着 2016 年 G20 峰会在杭州举办，以及 2022 年亚运会申办成功，杭州的城市定位和发展发生了很大变化，不仅表现在交通方面，旅游配套设施方面也发展迅速，日益完善。截至 2019 年，全年旅游休闲产业增加值为 1 191 亿元，增长了 12.1%，旅游总收入 4 005 亿元，增长了 18.3%；旅游总人数 20 813.7 万人次，增长了 15.1%，其中接待入境过夜游客 113.3 万人次，增长了 5.7%；年末各类旅行社 895 家，增长了 5.5%；星级宾馆 126 家，其中五星级宾馆 23 家；A 级景区 103 个，其中 5A 级景区 3 个。

二、杭州城市旅游景气指标组的建立

之所以调整景气指标组，是考虑到数据统计的充分性和可得性，在数据搜集整理过程中，本研究首先放弃了没有量化和数据缺失严重的指标，然后以杭州市地区总产值作为基准值，建立指标的时间序列，运用 SPSS20.0 统计软件对各指标进行相关性分析，接着根据分析结果对 i 原有的 24 个指标进行筛选，所得如下：先行指标有 4 个，即地区国民生产总值、城镇居民人均可支配收入、货物进出口贸易总额、社会消费品零售总额。这些指标的作用是能够预示杭州城市旅游景气转折点和变化趋势，可以科学反映城市旅游消费需求的潜力。一致指标有 8 个，即国际旅游外汇收入、入境旅游人数、出境旅游人数、酒店出租率、职工平均工资、酒店住宿营业额、固定资产投资总额、居民消费水平。这些指标与所选基准指标的变化大致同步，主要用于评价杭州城市旅游的经济运行现状，反映当前城市旅游的景气形势。滞后指标有 4 个，即客运量、旅客周转量、旅游生态和酒店收入。这些指标与所选基准指标的变化呈延后变化的趋势，主要用于评价杭州城市旅游经济运行产生的延后影响，反映后期城市旅游的景气形势。（本书内容所涉及的统计原始数据都是来源于浙江省统计信息网、浙江省旅游年鉴、杭州市国民经济和社会发展统计公报等权威资料。）

三、杭州城市旅游景气指数计算过程

（一）杭州城市旅游景气统计数据的无量纲化处理

无量纲化的过程实际上可以看作构建单项评价指标的评价函数的推进过程，是把指标实际值进一步转化为评价值的过程。单项评价值是一个相对数，它能够表明对某一项评价指标而言，被评价对象居于总体中的相对低位。表 5-6 至表 5-8 为不同指标组的无量钢化处理数据。

表 5-6　无量纲化处理数据——先行性指标

时　间	国民生产总值	社会消费品零售总额	城镇居民人均可支配收入	货物进出口贸易总额
2010	0	0	0	0
2011	0.191 157	0.124 946	0.151 117	0.333 93
2012	0.288 74	0.239 170	0.300 853	0.302 935
2013	0.417 296	0.351 696	0.406 702	0.430 186
2014	0.517 789	0.542 381	0.545 31	0.551 252
2015	0.630 633	0.680 194	0.684 252	0.521 091
2016	0.812 155	0.834 737	0.831 646	0.596 887
2017	1	1	1	1

表5-7　无量纲化处理数据——一致性指标

时　间	国际旅游外汇收入	旅游出境花费	旅游出境人数	职工平均工资	旅游入境人数	酒店出租率	酒店住宿营业额	固定资产投资总额
2010	0	0	0	0	0	0	0	0
2011	0.000 74	0.186 83	0.187 92	0.131 35	0.980 59	0.298 89	0.079 13	0.381 19
2012	0.001 48	0.294 71	0.291 57	0.237 17	0.950 03	0.630 99	0.102 30	0.044 74
2013	0.001 77	0.436 26	0.423 01	0.383 89	0.232 12	1	0.041 33	0.099 60
2014	0.002 21	0.548 78	0.527 15	0.511 32	0.190 38	0.960 11	0.051 06	0.279 15
2015	0.819 40	0.617 99	0.642 34	0.641 17	0.047 39	0.920 22	1	0.530 32
2016	0.897 364	0.789 45	0.822 8	0.810 82	0.000 66	0.932 75	0.081 82	0.929 94
2017	1	1	1	1	1	0.995 38	1	0.222 372

表5-8　无量纲化处理数据——滞后性指标

时　间	酒店收入	旅客周转量	客运量	生态指标
2010	0.381 196	0.771 471	0.950 036 593	0.543 466
2011	0	0.927 071	0.980 593 832	0.144 820
2012	0.044 739	1	1	0.230 643
2013	0.099 605	0	0.232 126 416	1
2014	0.279 152	0.109 033	0.190 386 628	0.139 005
2015	0.530 322	0.109 033	0.047 390 083	0.109 657
2016	1	0.170 575	0.000 661 037	0.128 082
2017	0.929 942	0.242 546	0	0

（二）城市旅游景气合成指标的计算方法

1. 计算对称变化率和标准化数值

根据前述计算流程，研究人员可计算出对称变化率、标准化数值。如表 5-9 至表 5-14 所示。

表 5-9　对称变化率（先行性指标）

时间顺序	国民生产总值	社会消费品零售总额	城镇居民人均可支配收入	货物进出口贸易总额
1	200	200	200	200
2	40.668 45	62.740 61	66.259 37	−9.733 53
3	36.416 29	38.088 15	29.919 58	34.714 74
4	21.493 89	42.655 24	29.118 87	24.671 21
5	19.652 14	22.544 65	22.600 29	−5.625 22
6	25.162 66	20.402 6	19.446 36	13.559 47
7	20.731 61	18.014 89	18.382 82	50.487 33

表 5-10　对称变化率（一致性指标）

时间顺序	国际旅游外汇收入	旅游出境花费	旅游出境人数	职工平均工资	旅游入境人数	酒店出租率	酒店住宿营业额	固定资产投资总额
1	200	200	200	200	200	200	200	200
2	66.555 3	66.259 3	39.225 4	57.429 3	22.465 3	71.428 5	25.537 4	−9.733 5
3	17.970 4	29.919 5	34.803 0	47.247 0	−31.636 2	45.248 8	−84.881 6	34.714 7
4	21.970 9	9.118 8	27.985 1	28.468 9	16.592 5	−4.069 8	21.055 3	24.671 2
5	198.922	22.600 2	19.182 1	22.533 7	144.238 3	−4.242 5	180.565 2	−5.625 2
6	9.082 58	19.446 3	17.732 5	23.367 9	−111.855	1.352 03	−169.746	13.559
7	10.818 78	18.382 8	22.163 5	20.893 2	22.137 00	6.496 67	92.407 53	50.487 3

表 5-11　对称变化率（滞后性指标）

时间顺序	酒店收入	旅客周转量	客运量	生态指标
1	71.428 57	18.321 624 83	3.165 519 237	−115.837 267 1
2	−200	7.568 795 132	1.959 631 278	45.715 860 75
3	45.248 86	−200	−124.642 013 2	125.033 182 4
4	190.331 34	200	19.757 869 25	−151.183 483 6
5	65.556 59	0	−120.278 007 6	−23.605 026 5
6	−9.766 95	44.020 542 92	−194.497 215 9	15.500 366 49
7	−2.943 47	34.842 340 48	−200	−200

表 5-12　标准化数值（先行性指标）

时间顺序	GDP	社会消费品零售总额	城镇居民人均可支配收入	货物进出口贸易总额
1	3.844 833	1.808 333	3.629 507	4.132 335
2	0.781 817	0.230 902	1.202 444	−0.201 11
3	0.700 073	−0.767 47	0.542 967	0.717 265
4	0.413 202	0.190 375	0.528 436	0.509 749
5	0.377 796	1.632 611	0.410 14	−0.116 23
6	0.483 73	−1.534 79	0.352 904	0.280 161
7	0.398 548	0.835 518	0.333 603	1.043 153

表 5-13 标准化数值（一致性指标）

时间顺序	国际旅游外汇收入	旅游出境花费	旅游出境人数	职工平均工资	旅游入境人数	酒店出租率	酒店住宿营业额	固定资产投资总额
1	2.665 041	3.629 50	3.877 12	3.500 52	3.739 80	4.206 24	1.878 18	−1.995 6
2	0.886 864	1.202 44	0.760 41	1.005 16	1.276 674	1.502 22	0.239 82	1.995 64
3	0.239 46	0.542 96	0.674 67	0.826 94	0.003 607	0.951 63	−0.797 11	0.758 54
4	0.292 768	0.528 43	0.542 51	0.498 28	0.565 918	−0.085 5	0.197 72	0.946 01
5	2.650 677	0.410 19	0.371 87	0.394 32	0.527 90	−0.089 2	1.695 67	0.619 22
6	0.121 027	0.352 90	0.343 75	0.409 00	0.530 906	0.028 43	−1.594 0	0.612 49
7	0.144 162	0.333 60	0.429 65	0.365 68	0.355 209	0.136 63	0.597 39	−0.072 4

表 5-14 标准化数值（滞后性指标）

时间顺序	酒店收入	旅客周转量	客运量	生态指标
1	2.392 034	0.254 08	0.033 356	−1.197 947
2	0.854 298	0.104 96	0.020 649	0.472 777
3	0.541 184	−2.773 63	−1.313 403	1.293 048
4	2.276 395	2.773 63	−0.208 196	−1.563 485
5	0.784 068	0	−1.267 417	−0.244 114
6	−0.116 814	0.610 48	−2.049 495	0.160 299
7	−0.035 204	0.483 19	−2.107 480	−2.068 328

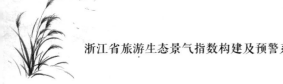

2. 对指标对称变化率标准化后的加权平均数

$$R_t = \frac{\sum_{i=1}^{k} S_{it} W_{it}}{\sum_{i=1}^{k} W_i}$$

其中，S_{it} 表示第 i 个指标 t 期对称变化率的标准化数值，W_{it} 用来表示第 i 个指标的权数，K 表示指标项目数。

3. 平均化因子以同步指数标准化

标准化因子 F 的计算公式是：

$$F = \frac{\sum_{t=2}^{N} |C_{it}|}{\sum_{t=2}^{N} P_t}$$

其中 R_t 用来表示先行指标或者滞后指标的综合平均对称变化率第 t 期的数值，P_t 表示一致指标的综合平均对称变化率时间序列的 t 期数据，N 表示期数。平均变化率以同步指数标准化的计算公式是：$r_t = R_t / F$，其中，$t = 2, 3, \cdots, n$ 表示期数。

4. 计算合成指数

首先还原为原始指数的时间序列即环比原始指数，令 $I_1 = 100$，计算公式为：

$$I_t = I_{t-1} (200 + r_t) / (200 - r_t), \quad t = 2, 3, \cdots, n$$

利用指数合成法就可以计算出合成指数，并且基准期为 100，每期的景气指数都可以计算出来，构成一个统计时段的景气指数走势，如表 5-15 所示。

表 5-15　各年份景气指数

时　间	2010	2011	2012	2013	2014	2015	2016	2017
景气指数	100	100.549	100.732	100.746	100.861	101.138	101.004	101.137

四、杭州城市旅游景气指数分析

（一）杭州城市旅游景气循环基本特征

2010年至2017年这一时间段内，杭州城市旅游在波动中发展，但总体还是缓慢平稳增长的。纵观杭州城市这八年的旅游发展历程和景气波动的运行轨迹，可以总结出以下三个主要的基本特征。

第一，景气波动的波位振幅比较平缓，其指标景气指数一直在100之上波动，而且总体波动幅度较小，表现出相对平缓稳定的趋势。

第二，杭州城市旅游景气波动发生的频率较低，八年间没有发生一次较大的景气波动，周期循环的平均时间长度与周期基本一致。

第三，对各个不同的指标以及影响城市旅游的相关因素进行分析可以看出，杭州城市旅游景气波动具有错综复杂的特性，而且这个现象的出现，不是单单一种因素的作用，而是多种因素交错作用、共同影响而产生的结果。单一因素难以解释这一波动的整个过程，所以对杭州城市旅游景气波动的调节控制和监测，必须全方位、多层次展开。

（二）杭州城市旅游景气波动调节建议

1.保障制度的稳定性，促进旅游宏观经济健康持续发展

我国旅游业遭遇到的一系列内外变量是复杂多样的，有些因素是偶发的、随机的和不可逆的。从我国旅游业的发展历程来看，这些因素本身是不具有周而复始的规律性波动和周期变化的。目前，西方较为流行的观点认为，制度变迁是经济发展的主要动因，具体到我国旅游业上，由于制度的解构、变迁和建构相对于行业政策的作用要迟缓得多，从初创期到现阶段，我国旅游业的发展主要是政策诱导和激励的结果。由于杭州城市旅游的景气波动可能会受到经济、社会等宏观环境的影响，因此需要当地有关管理决策部门制定相关政策措施，增强经济稳定性、培育全民性的旅游消费意识、有效增加全民收入、保证旅游业的可持续发展。2016年G20峰会在杭州举办，杭州全城以此为契机，向全世界展现了魅力杭州，同时为了

G20 峰会能够完美进行，杭州利用半年左右时间控制了客游量，因此该年的景气指数有所下降，但是到了 2017 年又得以迅速回升。

2. 培育新型业态，转变盈利模式

杭州是中国最具特色的全域旅游的典型。大力发展全域旅游，就是要不断创新旅游潜力，培育新业态和新品种。杭州先后出台的《杭州十大特色潜力行业发展规划（2007—2020 年）》《"智慧杭州"建设总体规划（2014—2020）》《杭州市"智慧旅游"系统顶层设计（2013—2017 年）》等政策，从景气指数看，的确有一定的带动作用，但是也呈现出一些瓶颈。因此，杭州应该进一步提升旅游档次，通过"旅游＋"潜力发展模式，更密切地和美食、体育、教育等方面进行融合发展，实现盈利模式多样化。

3. 增强旅游产业竞争力，严格市场准入机制

通过对杭州旅游产业的发展周期和景气状况从总体规模、经营绩效、市场状况、行业贡献率等方面进行分析和研究可知，其产业运营主要呈现以下特征，产业内的企业数量规模与杭州旅游市场发展基本相适应，在部分细分市场上还存在着结构性供给不足问题，从市场结构上看总体呈现出不均衡的竞争态势。这种非均衡态势与社会经济发展水平、交通、旅游基础设施、旅游接待设施、经营管理观念、体制等存在差异性密切相关。目前绝大多数行业主体是主导产品经营型企业，并且正在日渐强化专业化经营，进行横向扩张，提高了专业化程度。从数据上看，考虑到企业合理避税、国有企业激励约束机制不健全、法人结构不完善等因素，杭州旅游产业的利润增长空间还是比较大的。旅游产业在继续稳定开展入境旅游业务的同时，在出境旅游方面尚需挖掘更大的市场潜力，具体表现在市场行为上就是国内商务、散客、度假、专项与特种旅游产品的创新，以及尝试更高层次的跨国经营。

市场准入门槛低是旅游产业的重要特点，由于其具有投资成本低、收益率高的特点，旅游企业成为众多投资商的投资对象，但也正是因为这种较低的进入门槛，小中型旅游企业的扩张才造成了失去控制的局面。为了防止其增长过快而导致泡沫的出现，政府就必须对旅游企业的市场准入机制加以完善，形成严格的审批控制制度，减少一些盲目进入的行为。政府

要进一步把握好旅游产业中食、住、行、游、购、娱等要素的比例关系，实现产品要素的平衡发展，培育多层次的旅游中心城市旅游产业产品供给结构，再进一步引导旅游产业增加自身的特色性和完善性，以适应潜力巨大的国内市场和渐多的个性化入境游客的需求，促进杭州旅游产业产品纵向延伸，增强其相对于边缘市场的竞争力。

4.加强城市危机管理，采取积极防范措施

突发事件对旅游业会造成直接的冲击，最终影响城市旅游景气状况。这些事件主要包括地震、洪灾等自然灾害，以及最近的新冠病毒等流行疾病。突发性事件对城市生活、生产造成很大影响，而依附于实体上的城市旅游，更是极为敏感。为避免频发的城市危机对城市旅游产生灾难性打击，未雨绸缪、防患于未然就显得尤为重要。具体措施包括完善管制体系中的政府监督机制，充分发挥包括企业、社团、科研机构在内的非政府组织的监督作用；加强城市动态化管理，形成制度化、程序化、规范化的城市管理系统，建立城市安全预警和防范系统；通过对旅游安全信息的搜集、分析，对策制定和信息发布等，警示旅游者和旅游企业增加安全意志、提高安全防范与控制能力，进而促使旅游者和旅游企业积极预见问题并采取有效的防范措施。

第四节　杭州城市旅游预警监管机制的实证研究

一、预警监测系统的建立步骤

预警监测系统多用于经济预警，实际以经济周期波动理论为依据，综合考虑生产、消费、投资、物价等各领域的景气变动及相互影响，反映经济景气的运行轨迹。首先对一组反映经济发展状况的敏感性指标，运用有关的数据处理方法将多个指标合并为一个综合性指标，然后通过一组类似于交通管制信号灯，如红灯、黄灯、绿灯的标识，针对这组指标和综合指标所代表的经济周期波动状况发出预警信号，通过观察信号的变动情况来

判断未来经济运行的状态。以此原理建立城市旅游景气监测预警信号系统的步骤大体如下。

建立预警信号系统的首要工作是选择城市旅游预警指标，选出的预警指标能从不同方面反映旅游经济总体的运行态势，此外，还必须充分考虑预警指标在统计上的及时性和可靠性。从相关文献梳理情况来看，一般选取大约 10 个预警指标，其中与经济景气波动同步的一致指标占多数。

建立预警信号系统的第二步是确定预警界限值。在这一步骤中，首先考虑所选指标时间序列的统计特征值，如均值、最大值、最小值等，然后根据经济变动或经济循环的情形、各变量在经济活动中的作用和性质，以及各个时期政府所采取的宏观调控政策和经济发展目标等情况，综合考虑后确定预警界限。预警界限值由 4 个数值确定，以这 4 个检查值为界限，确定"过热（红灯）""趋热（黄灯）""稳定（绿灯）""趋冷（浅蓝灯）""过冷（蓝灯）"5 种信号。

建立预警信号系统的第三步是计算综合预警景气指数并确定界限值，确定了各指标的预警界限值以后，就可以据此确定各预警指标在每个时期的数值，并计算出综合预警景气指数。此时，为了根据综合预警景气指数对经济运行状况进行分析和判断，还要确定综合指数的预警界限值。

建立预警信号系统的第四步是利用所建立的预警信号系统，在得到景气动向综合指数图和景气预警指标信号图之后，根据综合指数的信号判断城市旅游经济的运行状况，根据各预警指标信号分析导致综合指数信号处于当前状态的具体原因，为政府宏观调控提供参考和建议。

二、杭州旅游预警机制实例

（一）确定预警指标

由于景气指数确定的依据都是旅游经济总体运行态势，因此预警指数与景气指数可以保持一致。一般模式需要 10 个预警指标，对景气指标进行进一步的筛选，确定了地区生产总值、居民住宿业营业额、餐饮业营业额、城镇居民人均可支配收入、货物进出口贸易总额、国际旅游外汇收入、国内旅游人均花费、客运量、社会消费品零售总额、星级饭店平均出租率。

（二）确定预警界限值

根据时间序列的统计特征值，确定最大值的85%、最大值的70%、最大值的50%、最大值的30% 4个数值为预警界限值，以这4个检查值为界限，确定"过热（红灯）""趋热（黄灯）""稳定（绿灯）""趋冷（浅蓝灯）""过冷（蓝灯）"5种信号。每一种信号给予不同的分数，如"红灯"5分、"黄灯"4分、"绿灯"3分、"浅蓝灯"2分、"蓝灯"1分。以杭州市2018年为例，分析10个指标的预警信号，用数字反映出来，如表5-16所示。

表5-16　杭州市2018年10个指标预警信号

GDP	住宿业营业额	餐饮业营业额	城镇居民人均可支配收入	货物进出口贸易总额	国际旅游外汇收入	国内旅游收入	客运量	社会消费品零售总额	酒店出租率	合计
5	3	3	5	5	5	5	2	5	5	43

（三）计算综合预警景气指数

取满分 $5 \times M$ 的85%为"红灯"和"黄灯"的界限，四舍五入后的检查值为43；取满分的70%和50%作为"绿灯"的上下界，四舍五入后的检查值分别为37和25；取满分的30%为"浅蓝灯"和"蓝灯"的界限，检查值为18。由此可见，2017年的旅游景气预警信号接近红灯，也就是说很景气。

三、杭州城市旅游景气指数及预警机制研究结论

在广泛搜集各个指标的统计数据并加以整理和分析的基础上，鉴阅国

内外景气指数实践经验和研究成果，根据景气指数的编制方法，按照数据处理和指标区分，构建出城市旅游景气指数的评价体系，同时结合定性和定量的方法，全面对杭州城市旅游的景气循环进行实证分析，在此过程中可得出以下结论。

第一，景气循环是不能避免、客观存在的。建立对杭州城市旅游经营发展状况进行综合评价的景气循环评价体系是必要且可行的。

第二，城市的旅游市场正面临着巨大而深刻的发展变化，增强旅游市场及旅游产业抵御突发事件和抗风险的能力，合理增加旅游产业规模和扩大市场领域，进一步延伸和完善相关旅游发展产业链，对未来城市旅游经济发展具有重要意义。城市旅游经济的快速增长为旅游业的高增长提供了广阔的空间，因此在加强旅游产业宏观调控的同时，有关政府及数据统计部门应该及时发布旅游景气指数，其不仅对微观旅游企业具有指导作用，而且对宏观旅游经济的快速健康发展将起到方向性和指导性的作用。

第三，由于受到统计数据完整性、滞后性等客观因素的影响，本研究对杭州城市旅游景气指数的统计时间跨度为 2010—2017 年，因为以年为统计单位，所以这个时间跨度中景气指数的曲线只能由 8 个时间点来定义，可能不足以形成一个完整意义上的景气循环。由于在较长时间内才能够明显观测出较为完整的景气周期，所以本研究结果可以看作 2010—2017 年杭州城市旅游正处于一个景气循环的上升期，但景气指数还没有达到最高峰，随着统计时间跨度的增多，杭州城市旅游的景气指数会表现出周期性的波动，形成比较容易观察到的景气循环。

四、旅游经济预警指数对我国旅游业的影响

在我国，旅游业作为经济产业定位得到完全认可是在 1998 年，当年中央经济工作会议明确提出将旅游业确定为国民经济新的增长点，这才真正实现了旅游业从外交事业到经济产业定位的转变。随着积极发展旅游业政策的实施，到 1999 年，我国接待入境过夜旅游者及创汇排名分别由 1980年的第 18 位和 34 位跃升至第 5 位和第 7 位。2001 年，《国务院关于进一步

加快旅游业发展的通知》中，又提出要树立大旅游的观念，这标志着旅游业从经济产业定位又上升为综合性产业。2008 年，国家旅游局成立直属专业研究机构——中国旅游研究院。同年，金融危机开始，为了刺激消费，旅游业受到了很大的推动。据联合国世界旅游组织发布的报告显示，2010 年的全球旅游业已经恢复到 2008 年危机前创造的同期最高水平。

之后，国家旅游局将 2010 年确定为 "2010 中国世博旅游年"，当时围绕这一主题在海内外推出了一系列大型的世博旅游推广活动。《国务院关于加快发展旅游业的意见》明确指出，要充分利用多种资源加大旅游业基础设施建设，让国民享受到更高质量的旅游产品。2010 年，全国很多城市的旅游企业在旅游业基础设施方面加大了投资力度，打造出了 "航母" 级旅游项目。

2011 年，我国各项推动旅游业发展的政策、战略的实施不断深化、下沉：我国区域旅游热点更加凸显，长三角地区旅游发展进入良性循环，珠三角地区旅游发展有着更大的发展空间，以京津为中心的环渤海地区也积极营造新的旅游区；2011 年国际会展业市场逆势增长，在中国境内举办会议、展览活动呈现增长势头。通过回顾 2010—2011 年我国旅游业发展的重要事件可知，2010—2011 年我国开始在旅游业的发展上注入许多新的动力，这些新兴推动力在当时还处于动力持续输入的状态，而其产生的效果在 "旅游收入" 上是能够体现的。2011 年，我国旅游收入的增长率达到了 43.31%，但是由于旅游就业的增长具有一定的滞后性，因此可以看到 2011 年我国的旅游就业潜力仍处于 "严重过冷" 的状态，不过该状态在 2011 之后开始逐步回暖。

2012 年，新型的旅游电子商务公司开始成为旅行社业务的重要经营者，从市场主体发育来看，以携程等为代表的在线旅游运营商迅速壮大崛起。发展初期，线上旅行社的产品大多以标准化的、无需人员现场提供服务的机票和酒店产品为主，到了发展中期，自由行、团队游、当地游都已经成为主流产品，这将需要更多的劳动力进入旅游业中来。对照 2012 年我国旅游就业潜力逐步回暖，由 2011 年的 "严重过冷" 状态过渡到了 2012 年的 "轻度过冷" 状态。基于旅游就业反映的滞后性，这一次旅游就业潜力的回

暖也延续到了 2013 年，2013 年我国的旅游就业潜力呈现"严重过热"状态。这说明越来越多的人更明显地感受到了技术给旅游业所带来的催化作用，从而使更多的人真正地加入到了旅游业当中来。

2013 年，我国旅游业发展深受世界错综复杂的经济形势的影响，旅游外需减少，我国入境旅游市场下行压力变大，短期内难以全面回升；国内旅游已由自然高速增长向市场开拓稳步增长转变；该年的旅游收入增长率有所回落。2014 年，我国的旅游就业潜力状态由 2013 年的"严重过热"回落到了一个正常水平——"无预警"状态。

2014 年，我国旅游业的行业管理走向法制化，旅游市场开始转型，在线旅游发展势头迅猛，出境、国内旅游增长有所放缓，并且随着我国旅游业市场逐步成熟，该行业的劳动力市场也逐步趋于饱和。由于旅游业市场越来越需要懂技术、有创新的高端人才的加入，故 2015 年我国旅游业直接就业人数增长率仅 0.67%，处于"轻度过冷"状态。

2015 年，国家旅游局围绕"515 战略"推出了一系列创新举措，旨在提高我国旅游业的服务质量。在此背景下，我国旅游收入增长率较为平稳，同时旅游业就业潜力的状态也较为平稳。

2016 年，我国旅游业就业潜力处于"中度过冷"状态。2017 年对我国旅游业来说是不断谋求融合、跨界、创新、转型的一年，就业潜力状态与 2016 年一样处于"中度过冷"状态。在 2017 年，我国旅游业行业格局不断优化、转型之后，2018 年我国的旅游业就业潜力状态出现了一次轻微回暖，最终处于"轻度过冷"状态。

2018 年以来，"收入增长""消费升级""通航建设"共助我国旅游业发展，但由于我国旅游业就业市场近乎饱和，目前更加需要的是有专业知识、有创新思维的高端旅游业从业者的加入。所以，随着我国经济已经由高速增长阶段转向高质量发展阶段，文旅行业也开始在向高质量发展迈进的进程中不断寻求发展机遇。从市场需求端来看，人们现在已经真正进入了旅居生活的 3.0 时代，休闲度假需求应运而生；从市场供给来看，百强房地产企业大部分进入了文旅产业。

　　2020 年上半年，新冠疫情对旅游产业产生了不小的冲击，但也促进了旅游多样化发展，其中在线旅游就是非常典型的一种形式。在线旅游行业的发展特征有以下几点：行业保持快速增长势头；头部企业的业绩总体良好；个性化、品质型旅游消费持续升温；夜间旅游成为旅游消费新热点；三线及三线以下城市成为在线旅游的重要客源地；出境游平稳较快增长；发展"互联网＋旅游"是旅游业提质增效、实现高质量发展的重要路径。以上所述势必将会给我国的旅游业带来更加强劲的推动力，也会创造出更多高质量的旅游业就业机会，吸引更多的人进入具有新兴形象的旅游业。

第六章　结论与展望

本书通过理论和实践结合，构建了融入生态因素的旅游经济预警景气指标体系，其在国家层面和省市级层面均有涉及。

对于旅游生态经济预警景气指标系统的构建步骤，本书也进行了详述，主要包含以下五步：第一步，要确定与区域旅游经济预警相关的警情指标，这是指标体系建立的初始环节；第二步，在警情指标的界定范围内结合具体数据的可获得性要求，确定区域旅游经济预警景气指标体系的警兆指标；第三步，通过计算已知年份的旅游经济发展偏离度的值，从而得到历年的区域旅游经济预警系统的警度；第四步，以灰色 GM（1，1）模型作为预测模型，预测今后旅游经济的发展情况，并对模型的可靠性进行验证；第五步，根据前述方法和数据分析得出结果，查找出可能影响旅游经济系统可持续发展的警源，并有针对性地提出预警措施。

浙江杭州作为国内重点旅游城市，在本书中被选为案例对象，具体对其 2010 年至 2017 年的数据进行了旅游生态经济预警景气指标体系的实证分析。在此基础上，本研究以政府和旅游企业为代表，分别提出了促进区域旅游可持续发展的建设性意见。

一、理论基础需加深

由于对旅游经济影响因素等方面的研究较少，所以本研究在确定预警系统指标体系时能借鉴的理论也较少，且这些理论尚未被广泛认可。在预警系统中进行警度测度和警度预测时采用的方法虽在其他文献的基础上进行了筛选，但这些方法并未对区域旅游经济预警系统作出全面分析，因此本书所采用的方法是否是最优的方法，还需在日后通过实证研究得到证实。

二、指标体系需要完善

本研究中虽然区域旅游经济预警指标体系中的对象层指标所参考的数

据较为权威，但有些警情指标无法量化，获取数据的途径有限等问题也是客观存在的。随着大数据的发展，各统计部门之间的数据实现共享之后，指标体系对象层指标应该会得到很大改善。与此同时，在今后的研究中加强对指标体系警情指标和警兆指标的界定也能够保证预警结果更准确、更科学。

三、数据时间段需加长

本研究在以杭州市为案例进行区域旅游经济预警系统实证研究的过程中，由于存在数据缺失的问题，只能从可得到的数据中选取连续 10 年的数据进行研究，而在数据规范化之后只能获得连续 9 年的数据。这 9 年的数据又横跨了两个"五年计划"，而有些指标的目标值并不是在所有的五年计划中都有体现，这就给期望值的选取带来了难度。同时，所有的数据都是以年为单位，这就造成了计算结果不够准确的情况。因此，希望随着数据的不断公布和更新，旅游经济预警系统实证研究的基础数据也越来越多，从而使期望值的确定更加合理，最终使分析结果更真实有效。

四、应融入政治、文化层面内容

中共十九大提出经济、政治、文化、社会、生态文明建设"五位一体"的中国特色社会主义事业总体布局。本研究由于暂未找到合适的方法将政治和文化方面的指标量化，因此本书构建的旅游生态景气指数预警系统只就经济、社会和生态三个方面的内容进行综合分析。在之后的研究中，希望能够在本研究的基础上，加入政治和文化方面的内容，完善区域旅游预警系统涉及的层面，增强其科学性。

参考文献

[1] BRIAN ARCHER，JOHN FLETHER.The economic impact of tourism in the Seychelles[J].Annals of tourism research，1996，23(1):32–47.

[2] KIM S S，CHON K，CHUNG K Y.Convention industry in South Korea: an economic impact analysis[J].Tourism management，2003，24(5):533–541.

[3] Gevat Tosun，Dallen J.Timothy，Yvksel Oztvrk. Tourism growth，national development and regional inequality in Turkey[J].Journal of sustainable tourism，2003，11(2):133.

[4] 罗明义 . 论中国特色旅游经济理论的形成与发展 [J]. 云南财经大学学报，2009，25(1):3–9.

[5] 李锋 . 基于集对分析方法 (SPA) 的中国旅游经济系统脆弱性测度研究 [J]. 旅游科学，2013，27(1)15–28，40.

[6] 张一博 . 旅游产业结构优化理论研究述评 [J]. 旅游市场，2014(7):78-79.

[7] 余凤龙，黄震方，曹芳东 . 制度变迁对中国旅游经济增长的贡献——基于市场化进程的视角 [J]. 旅游学刊，2013，28(7):13–21.

[8] 刘春济，冯学钢，高静 . 中国旅游产业结构变迁对旅游经济增长的影响 [J]. 旅游学刊，2014，29(8):37–49.

[9] 王敬武 . 区域旅游业横向实力分析——地区旅游业发达程度指数初探 [J]. 北京商学院学报，2000，15(4):60–63.

[10] 陆林，余凤龙 . 中国旅游经济差异的空间特征分析 [J]. 经济地理，2005，25(3):406–410.

[11] 刘宏盈 . 长三角入境旅游流西向扩散效应分析——以向陕西扩散为例 [J]. 地域研究与开发，2010，29(4):93–98.

[12] 曹芳东，黄震方，吴丽敏，等 . 基于时间距离视域下城市旅游经济联系测度与空间整合——以长江三角洲地区为例 [J]. 经济地理，2012，32(12):157–162.

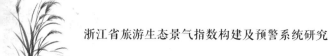
[13] 曹芳东，黄震方，周玮，等.转型期城市旅游经济时空变异及其异质性模拟——以泛长三角地区为例 [J]. 旅游学刊，2013，28(11):24–31.

[14] 王辉，姜斌.沿海城市生态环境与旅游经济协调发展定量研究 [J]. 干旱区资源与环境，2006，20(5):115–119.

[15] 王永明，马耀峰.城市旅游经济与交通发展耦合协调度分析——以西安市为例 [J]. 陕西师范大学学报 (自然科学版)，2011，39(1):86–90.

[16] 钟霞，刘毅华.广东省旅游—经济—生态环境耦合协调发展分析 [J]. 热带地理，2012，32(5):568–574.

[17] 陈太政，李锋，乔家君.旅游产业高级化与旅游经济增长关系研究 [J]. 经济地理，2013，33(5):182–187.

[18] 王凯，李娟，席建超.中国旅游经济增长与碳排放的耦合关系研究 [J]. 旅游学刊，2014，29(6):24–33.

[19] 王慧敏.几种预警系统的设计比较 [J]. 信息系统工程，1997(6):31，46.

[20] 张进福.建立旅游安全救援系统的构想 [J]. 旅游学刊，2006，21(6):39–43.

[21] 胡伏湘.WebGIS 技术在景区生态预警系统的应用研究 [J]. 长沙民政职业技术学院学报，2011，18(4):116–119.

[22] 黄燕玲.关于旅游安全救援服务系统建设的思考 [J]. 中国旅游发展笔谈，2012，27(1):10.

[23] 李东和，孟影，李经龙.旅游目的地救援系统构建的初步研究——以黄山市为例 [J]. 旅游学刊，2011，26(9):29–36.

[24] 霍松涛.旅游预警系统的初步研究 [J]. 资源开发与市场，2008，24(5):413–416.

[25] 刘军林，陈小连.智能旅游灾害预警与灾害救助平台的构建与应用研究 [J]. 经济地理，2011，31(10):1745–1749.

[26] 李华生，徐瑞祥，高中贵，等.城市尺度人居环境质量评价研究——以南京市为例 [J]. 人文地理，2005(1):1–5.

[27] 楼文高，王广雷，冯国珍.旅游安全预警 TOPSIS 评价研究及其应用 [J]. 旅游学刊，2013，28(4):66–74.

[28] 王新峰.中国旅游景气指数实证研究 [J]，统计教育，2010(11):55-60.

[29] 戴斌，李仲广，唐晓云等.中国旅游经济运行监测与预警：模型构建与实证分析 [J]. 旅游学刊，2017(4)：10-19.

[30] 成英文.张辉.城市入境旅游景气指数构建研究——以北京为例 [J].旅游科学，2013，27(5):76-85.

[31] GOSSLING S.Global environmental consequences of tourisn [J].global environmental change-guildford，2002(4):283-302.

[32] KYTZIA S，WAIZ A，WEGMANN M.How can tourism use land more efficiently?A model-based approach to land-use efficiency for tourist destinations[J].Tourism management，2011，32(3):629-640.

[33] 谢丽萍.旅游生态足迹模型在生态农业旅游可持续发展中的应用——以广西恭城瑶族自治县红岩村为例 [J]. 安徽农业科学，2008(12):5128-5131.

[34] 刘军，冯勇.旅游可持续发展的视角：旅游生态效率的一个综述 [J].旅游学刊，2017，32(9):47-56.

[35] 姚治国.国外旅游生态效率优化与管理 [J]. 生态学报，2019，39(2):700-708.

[36] 甄翌.旅游生态效率评估——基于生态足迹和碳足迹的比较研究 [J]. 林业经济问题，2014，34(5):474-480.

[37] 彭红松，章锦河，韩娅，等.旅游地生态效率测度的 SBM-DEA 模型及实证分析 [J]. 生态学报，2017，37(2):628-638.

[38] 王兆峰，霍菲菲.基于 VAR 模型的湖南武陵山片区旅游产业生态效率影响因素分析 [J]. 中南林业科技大学学报，2018，38(11):136-144.

[39] 林文凯，林璧属.区域旅游产业生态效率评价及其空间差异研究——以江西省为例 [J]. 华东经济管理，2018，32(6):19-25.

[40] 张颖.构建旅游景气指数体系及预警机制的探讨——以杭州市为例 [J]. 中小企业管理与技术，2021(7):52-53.

[41] 张颖.企业碳排放权专项审计研究——以浙江杭州为例 [J]. 商业经济研究，2016(19):107-108.

附　录

表附录1 来自省统计局等机构的原始数据

年份	旅游外汇收入（万美元）	入境人数（人）	国内旅游人数（万人次）	国内旅游收入（亿元）	GDP（亿元）	社会消费品零售额（亿元）	城镇居民人均可支配收入（元）	旅客周转量（亿人公里）	固定资产投资（万元）	职工平均工资（元）	货物进出口贸易总额（亿元）	住宿业营业额（万元）	住宿生态指标（元）	旅行生态指标	出境人数（人）	客运量（万人）
2010	393020	6847102	29500	3046	27722.31	10163.2	27359	1250.74	3362429.98	41505	17162.92	258.56	8719349.75.4	26.6338	6847102	228017
2011	454173	7736908	34295	3785	32318.85	11930.6	30971	1296.25	3043967.85	46660	19982.09	291.83	6802605.75.1	27.6559	7736908	231900
2012	515174	8659290	39124	4476	34665.33	13546.34	34550	1317.58	3124044.72	50813	19720.42	301.57	721525519	28.1071	8659290	234366
2013	539293	8662817	43439	5202	37756.58	15138.04	37080	1025.1	3543893.33	56571	20794.72	275.94	1091442066	22.8644	8662817	136790
2014	575348	9310301	47875	5947	40173.03	17835.34	40393	1056.99	4073860.51	61572	21816.81	280.03	6774648.50.5	23.9069	9310301	131486
2015	678847	10120384	52532	6720	42886.49	19784.74	43714	1092.53	4345168.95	66668	21562.18	678.98	6633537.20.1	24.9508	10120384	113315
2016	743063	11203019	57300	7600	47251.36	21970.79	47237	1074.99	4515495.09	73326	22202.08	292.96	6722128.27.7	25.0757	11203019	107377
2017	827600	12117339	62868	8764	51768.26	24308.48	51261	1096.04	4327925.69	80750	25605.32	325.05	6106290.92.2	25.8972	12117339	107293

表附录2 住宿业生态指标

类别	系数	年份	x	生态	$x-\bar{x}$	$(x-\bar{x})^2$	年份	y	国内收入	$y/\Sigma y$	$y-\bar{y}$	$(y-\bar{y})^2$	$(x-\bar{x})^2*(y-\bar{y})^2$	$(x-\bar{x})*(y-\bar{y})$	$=N1/SO1$
	l=0	2011	x1	6802605575.1	-86548771.01	7.49069E+15	2011	y1	3785.3	0.144862589	-1440.756	2075777.852	8.48699E+11	1.24696E+11	-0.080181645
		2012	x2	721525519	-45283827.1	2.05062E+15	2012	y2	4475.8	0.17128787	-750.256	562884.0655		33974462985	
		2013	x3	1091442066	324632719.9	1.05386E+17	2013	y3	5202.18	0.199086271	-23.876	570.063376		-7750930820	
		2014	x4	6774464850.5	-89344495.68	7.98244E+15	2014	y4	5947	0.227590366	720.944	519760.2511		-64412378093	
		2015	x5	6633533720.1	-103455626.1	1.07031E+16	2015	y5	6720	0.257172904	1493.944	2231868.675		-1.54557E+11	
				3170693011		1.33613E+17			26130.28	1		5390860.907		-6805009665	
				766809346.1					5226.056						
滞后	l=1	2012	x2	721525519	-43674277.61	1.90744E+15	2012	y1	3785.3	0.144862589	-1440.756	2075777.852	8.53276E+11	6292397511	-0.459510507
		2013	x3	1091442066	326242269.4	1.06434E+17	2013	y2	4475.8	0.17128787	-750.256	562884.0655		-2.44765E+11	
		2014	x4	6774464850.5	-87734946.19	7.69742E+15	2014	y3	5202.18	0.199086271	-23.876	570.063376		2094759575	
		2015	x5	6633533720.1	-101846076.6	1.03726E+16	2015	y4	5947	0.227590366	720.944	519760.2511		-73425317844	
		2016	x6	672212827.7	-92986968.98	8.64658E+15	2016	y5	6720	0.257172904	1493.944	2231868.675		-1.38917E+11	
				3825998983		1.35058E+17			26130.28	1		5390860.907		-3.92089E+11	
				765199796.7					5226.056						
	L=2	2013	x3	1091442066	348421554.7	1.21398E+17	2013	y1	3785.3	0.144862589	-1440.756	2075777.852	9.12872E+11	-5.0199E+11	-0.766523843
		2014	x4	6774464850.5	-65555660.83	4.29754E+15	2014	y2	4475.8	0.17128787	-750.256	562884.0655		49183527868	
		2015	x5	6633533720.1	-79666791.23	6.34658E+15	2015	y3	5202.18	0.199086271	-23.876	570.063376		1902124307	
		2016	x6	672212827.7	-70807683.61	5.01373E+15	2016	y4	5947	0.227590366	720.944	519760.2511		-51048374655	
		2017	x7	610629092.2	-132391419.1	1.75275E+16	2017	y5	6720	0.257172904	1493.944	2231868.675		-1.97785E+11	
				743020511.3		1.54583E+17			26130.28	1		5390860.907		-6.99739E+11	
超前	l=-1	2010	x0	8719349975.4	63409378.2	4.02075E+15	2010	y1	3785.3	0.144862589	-1440.756	2075777.852	8.21743E+11	-91357442099	0.018401002
		2011	x1	6802605575.1	-128265022.1	1.64519E+16	2011	y2	4475.8	0.17128787	-750.256	562884.0655		96231602410	
		2012	x2	721525519	-87000078.17	7.56901E+15	2012	y3	5202.18	0.199086271	-23.876	570.063376		2077213866	
		2013	x3	1091442066	282916468.8	8.00417E+16	2013	y4	5947	0.227590366	720.944	519760.2511		2.03967E+11	
		2014	x4	6774464850.5	-131060746.8	1.71769E+16	2014	y5	6720	0.257172904	1493.944	2231868.675		-1.95797E+11	
				4042627986		1.2526E+17			26130.28	1		5390860.907		1510888621	
				8085255597.2					5226.056						

表附录3　旅游生态指标

类别	系数	年份	X	生态	x−x̄	(x−x̄)²	年份	y	国内收入	y/Σy	y−ȳ	(y−ȳ)²	(x−x̄)²*(y−ȳ)²	(x−x̄)*(y−ȳ)	=N1/SO1
	l=0	2011	x1	27.6559	2.15888	4.660762854	2011	y1	3785.3	0.144862589	-1440.756	2075777.852	10698.23931	-3110.419313	-0.651340881
		2012	x2	28.1071	2.61008	6.812517606	2012	y2	4475.8	0.17128787	-750.256	562884.0655		-1958.22818	
		2013	x3	22.8644	-2.63262	6.930688064	2013	y3	5202.18	0.199086271	-23.876	570.063376		62.85643512	
		2014	x4	23.9069	-1.59012	2.528481614	2014	y4	5947	0.227590366	720.944	519760.2511		-1146.387473	
		2015	x5	24.9508	-0.54622	0.298356288	2015	y5	6720	0.257172904	1493.944	2231868.675		-816.0220917	
				102.5343		21.23080643			26130.28	1				-6968.200624	
				25.49702					5226.056						
滞后	l=1	2012	x2	28.1071	3.12612	9.772626254	2011	y1	3785.3		-1440.756	2075777.852	9116.242468	-4503.976147	-0.303919767
		2013	x3	22.8644	-2.11658	4.479910896	2012	y2	4475.8		-750.256	562884.0655		1587.976844	
		2014	x4	23.9069	-1.07408	1.153647846	2013	y3	5202.18		-23.876	570.063376		25.64473408	
		2015	x5	24.9508	-0.03018	0.000910832	2014	y4	5947		720.944	519760.2511		-21.75808992	
		2016	x6	25.0757	0.09472	0.008971878	2015	y5	6720		1493.944	2231868.675		141.5063757	
				124.9049		15.41606771			26130.28					-2770.606282	
				24.98098					5226.056						
	L=2	2013	x3	22.8644	-1.6746	2.80428516	2011	y1	3785.3		-1440.756	2075777.852	5448.209879	2412.689998	0.971530132
		2014	x4	23.9069	-0.6321	0.39955041	2012	y2	4475.8		-750.256	562884.0655		474.2368176	
		2015	x5	24.9508	0.4118	0.16957924	2013	y3	5202.18		-23.876	570.063376		-9.8321368	
		2016	x6	25.0757	0.5367	0.28804689	2014	y4	5947		720.944	519760.2511		386.9306448	
		2017	x7	25.8972	1.3582	1.84470724	2015	y5	6720		1493.944	2231868.675		2029.074741	
				24.539		5.50616894			26130.28					5293.100064	
超前	l=-1	2010	x0	26.6338	0.80018	0.640288032	2011	y1	3785.3		-1440.756	2075777.852	10805.3902	-1152.864136	-0.70273958
		2011	x1	27.6559	1.82228	3.320704398	2012	y2	4475.8		-750.256	562884.0655		-1367.176504	
		2012	x2	28.1071	2.27348	5.16871131	2013	y3	5202.18		-23.876	570.063376		-54.28160848	
		2013	x3	22.8644	-2.96922	8.816267408	2014	y4	5947		720.944	519760.2511		-2140.641344	
		2014	x4	23.9069	-1.92672	3.712249958	2015	y5	6720		1493.944	2231868.675		-2878.411784	
				129.1681		21.65822111			26130.28					-7593.375376	
				25.83362					5226.056						

表附录4　外汇收入

类别	系数	年份	x	外汇收入	x−x̄	(x−x̄)²	年份	y	国内收入	y/Σy	y−ȳ	(y−ȳ)²	(x−x̄)²*(y−ȳ)²	(x−x̄)*(y−ȳ)	=N1/SO1
	l=0	2011	x1	454173	-98394	9681379236	2011	y1	3785.3	0.144862589	-1440.756	2075777.852	386577751.2	141761745.9	0.970599241
		2012	x2	515174	-37393	1398236449	2012	y2	4475.8	0.17128787	-750.256	562884.0655		28054322.61	
		2013	x3	539293	-13274	176199076	2013	y3	5202.18	0.199086271	-23.876	570.063376		316930.024	
		2014	x4	575348	22781	518973961	2014	y4	5947	0.227590366	720.944	519760.2511		1642825.26	
		2015	x5	678847	126280	15946638400	2015	y5	6720	0.257172904	1493.944	2231868.675		18865248.3	
				2762835		27721427122			26130.28	1				375212072.1	
				552567					5226.056						
滞后	l=1	2012	x2	515174	-95171	9057519241	2012	y1	3785.3		-1440.756	2075777.852	450441318.8	137118189.3	0.974422892
		2013	x3	539293	-71052	5048386704	2013	y2	4475.8		-750.256	562884.0655		53307189.31	
		2014	x4	575348	-34997	1224790009	2014	y3	5202.18		-23.876	570.063376		835588.372	
		2015	x5	678847	68502	4692524004	2015	y4	5947		720.944	519760.2511		49386105.89	
		2016	x6	743063	132718	17614067524	2016	y5	6720		1493.944	2231868.675		198273259.8	
				3051725		37637287482			26130.28			5390860.907		438920332.6	
				610345					5226.056						
	l=2	2013	x3	539293	-133537.2	17832183784	2013	y1	3785.3		-1440.756	2075777.852	550705337.9	192394522.1	0.993705277
		2014	x4	575348	-97482.2	9502779317	2014	y2	4475.8		-750.256	562884.0655		73136605.44	
		2015	x5	678847	6016.8	36201882.24	2015	y3	5202.18		-23.876	570.063376		-143657.1168	
		2016	x6	743063	70232.8	4932646196	2016	y4	5947		720.944	519760.2511		50633915.76	
		2017	x7	827600	154769.8	23953690992	2017	y5	6720		1493.944	2231868.675		231217414.1	
				672830.2		56257502171			26130.28			5390860.907		547238800.3	
				3974496					5226.056						
超前	l=-1	2010	x0	393020	-102381.6	10481992019	2010	y1	3785.3		-1440.756	2075777.852	335586683.4	147506904.5	0.980508243
		2011	x1	454173	-41228.6	1699797458	2011	y2	4475.8		-750.256	562884.0655		30932004.52	
		2012	x2	515174	19772.4	390947801.8	2012	y3	5202.18		-23.876	570.063376		-472085.8224	
		2013	x3	539293	43891.4	1926454994	2013	y4	5947		720.944	519760.2511		31643241.48	
		2014	x4	575348	79946.4	6391426873	2014	y5	6720		1493.944	2231868.675		119435444.6	
				2477008		20890619145			26130.28			5390860.907		329045509.3	
				495401.6					5226.056						
	l=-2	2009	x-1	322358	-122445.6	14992924959	2009	y1	3785.3		-1440.756	2075777.852	413013646	176414232.9	0.985285788
		2010	x0	393020	-51783.6	2681541229	2010	y2	4475.8		-750.256	562884.0655		38850956.6	
		2011	x1	454173	9369.4	87785656.36	2011	y3	5202.18		-23.876	570.063376		-223703.7944	
		2012	x2	515174	70370.4	4951193196	2012	y4	5947		720.944	519760.2511		50733117.66	
		2013	x3	539293	94489.4	8928246712	2013	y5	6720		1493.944	2231868.675		141161872.2	
				2224018		31642491753			26130.28			5390860.907		406936475.5	
				444803.6					5226.056						

表附录5　GDP

类别	系数	年份	x	GDP	x-x̄	(x-x̄)²	年份	y	国内收入	y/Σy	y-ȳ	(y-ȳ)²	(x-x̄)²(y-ȳ)²	(x-x̄)*(y-ȳ)	=N1/SO1
	I=0	2011	x1	32318.85	-5241.206	27470240.33	2011	y1	3785.3	0.144862589	-1440.756	2075777.852	1957596.02	7551298.992	0.999162666
		2012	x2	34665.33	-2894.726	8379438.615	2012	y2	4475.8	0.17128787	-750.256	562884.0655		2171785.55	
		2013	x3	37756.58	196.524	38621.68258	2013	y3	5202.18	0.199086271	-23.876	570.063376		-4692.207024	
		2014	x4	40173.03	2612.974	6827633.125	2014	y4	5947	0.227590366	720.944	519760.2511		1883807.927	
		2015	x5	42886.49	5326.434	28370899.16	2015	y5	6720	0.257172904	1493.944	2231868.675		7957394.116	
				144913.79		71086832.91			26130.28	1		5390860.907		19559594.38	
				37560.056					5226.056						
滞后	I=1	2012	x2	34665.33	-5881.228	34588842.79	2012	y1	3785.3		-1440.756	2075777.852	22383863.98	8473414.528	0.995319186
		2013	x3	37756.58	-2789.978	7783977.24	2013	y2	4475.8		-750.256	562884.0655		2093197.734	
		2014	x4	40173.03	-373.528	139523.1668	2014	y3	5202.18		-23.876	570.063376		8918.354528	
		2015	x5	42886.49	2339.932	5475281.765	2015	y4	5947		720.944	519760.2511		1686959.936	
		2016	x6	47251.36	6704.802	44954369.86	2016	y5	6720		1493.944	2231868.675		10016598.72	
				202732.79		92941994.82			26130.28			5390860.907		22279089.27	
				40546.558					5226.056						
	L=2	2013	x3	37756.58	-6210.564	38571105.2	2013	y1	3785.3		-1440.756	2075777.852	26039395.39	8947907.346	0.99243595
		2014	x4	40173.03	-3794.114	14395301.04	2014	y2	4475.8		-750.256	562884.0655		2846556.793	
		2015	x5	42886.49	-1080.654	1167813.068	2015	y3	5202.18		-23.876	570.063376		25801.6949	
		2016	x6	47251.36	3284.216	10786074.73	2016	y4	5947		720.944	519760.2511		2367735.82	
		2017	x7	51768.26	7801.116	60857410.85	2017	y5	6720		1493.944	2231868.675		11654430.44	
				260382.278		127777704.9			26130.28			5390860.907		25842432.1	
				43967.144					5226.056						
超前	I=-1	2010	x0	27722.31	-6804.91	46306800.11	2010	y1	3785.3		-1440.756	2075777.852	22451763.02	9804214.912	0.989698311
		2011	x1	32318.85	-2208.37	4876898.057	2011	y2	4475.8		-750.256	562884.0655		1656842.843	
		2012	x2	34665.33	138.11	19074.3721	2012	y3	5202.18		-23.876	570.063376		-3297.51436	
		2013	x3	37756.58	3229.36	10428766.01	2013	y4	5947		720.944	519760.2511		2328187.716	
		2014	x4	40173.03	5645.81	31875170.56	2014	y5	6720		1493.944	2231868.675		8434523.975	
				172636.1		93506709.1			26130.28			5390860.907		22220471.93	
				34527.22					5226.056						
	I=-2	2009	x-1	22990.35	-8100.334	65615410.91	2009	y1	3785.3		-1440.756	2075777.852	27045199.96	11670604.81	0.987384781
		2010	x0	27722.31	-3368.374	11345943.4	2010	y2	4475.8		-750.256	562884.0655		2527142.804	
		2011	x1	32318.85	1228.166	1508391.724	2011	y3	5202.18		-23.876	570.063376		-29323.69142	
		2012	x2	34665.33	3574.646	12778094.03	2012	y4	5947		720.944	519760.2511		2577119.586	
		2013	x3	37756.58	6665.896	44434169.48	2013	y5	6720		1493.944	2231868.675		9958475.334	
				155453.42		135682009.5			26130.28			5390860.907		26704018.84	
				31090.684					5226.056						

表附录6 社会消费品零售额

类别	系数	年份	x	社会消费品零售额	x-x̄	(x-x̄)²	年份	y	国内收入	y/Σy	y-ȳ	(y-ȳ)²	(x-x̄)²(y-ȳ)²	(x-x̄)*(y-ȳ)	=N1/SO1
	I=0	2011	x1	11930.6	-3716.412	13811718.15	2011	y1	3785.3	0.144862589	-1440.756	2075777.852	14756488.04	5354442.887	0.996296185
		2012	x2	13546.34	-2100.672	4412822.852	2012	y2	4475.8	0.17128787	-750.256	562884.0655		1576041.772	
		2013	x3	15138.04	-508.972	259052.4968	2013	y3	5202.18	0.199086271	-23.876	570.063376		12152.21547	
		2014	x4	17835.34	2188.328	4788779.436	2014	y4	5947	0.227590366	720.944	519760.2511		1577661.942	
		2015	x5	19784.74	4137.728	17120793	2015	y5	6720	0.257172904	1493.944	2231868.675		6181533.919	
				58450.32		40393165.94			26130.28	1		5390860.907		14701832.74	
				15647.012					5226.056						
滞后	I=1	2012	x2	13546.34	-4108.71	16881497.86	2012	y1	3785.3		-1440.756	2075777.852	15817481.71	5919648.585	0.99804806
		2013	x3	15138.04	-2517.01	6335339.34	2013	y2	4475.8		-750.256	562884.0655		1888401.855	
		2014	x4	17835.34	180.29	32504.4841	2014	y3	5202.18		-23.876	570.063376		-4304.60404	
		2015	x5	19784.74	2129.69	4535579.496	2015	y4	5947		720.944	519760.2511		1535387.227	
		2016	x6	21970.79	4315.74	18625611.75	2016	y5	6720		1493.944	2231868.675		647473.879	
				88275.25		46410532.93			26130.28			5390860.907		15786606.94	
				17655.05					5226.056						
	L=2	2013	x3	15138.04	-4669.438	21803651.24	2013	y1	3785.3		-1440.756	2075777.852	16521271.47	6727520.815	0.998200644
		2014	x4	17835.34	-1972.138	3889328.291	2014	y2	4475.8		-750.256	562884.0655		1479608.367	
		2015	x5	19784.74	-22.738	517.016644	2015	y3	5202.18		-23.876	570.063376		542.892488	
		2016	x6	21970.79	2163.312	4679918.809	2016	y4	5947		720.944	519760.2511		1559626.807	
		2017	x7	24308.48	4501.002	20259019	2017	y5	6720		1493.944	2231868.675		6724244.932	
				19807.478		50632434.36			26130.28			5390860.907		16491543.81	
									5226.056						
超前	I=-1	2010	x0	10163.2	-3559.504	12670068.73	2010	y1	3785.3		-1440.756	2075777.852	13702641.89	5128376.745	0.99554161 7
		2011	x1	11930.6	-1792.104	3211636.747	2011	y2	4475.8		-750.256	562884.0655		1344536.779	
		2012	x2	13546.34	-176.364	31104.2605	2012	y3	5202.18		-23.876	570.063376		4210.866864	
		2013	x3	15138.04	1415.336	2003175.993	2013	y4	5947		720.944	519760.2511		1020377.997	
		2014	x4	17835.34	4112.636	16913774.87	2014	y5	6720		1493.944	2231868.675		614047.876	
				68613.52		34829760.59			26130.28			5390860.907		13641550.26	
				13722.704					5226.056						
	I=-2	2009	x-1	8622.26	-3257.828	10613443.28	2009	y1	3785.3		-1440.756	2075777.852	12054340.74	4693735.238	0.999565818
		2010	x0	10163.2	-1716.888	2947704.405	2010	y2	4475.8		-750.256	562884.0655		1288105.523	
		2011	x1	11930.6	50.512	2551.462144	2011	y3	5202.18		-23.876	570.063376		-1206.024512	
		2012	x2	13546.34	1666.252	2776395.728	2012	y4	5947		720.944	519760.2511		1201274.382	
		2013	x3	15138.04	3257.952	10614251.23	2013	y5	6720		1493.944	2231868.675		4867197.843	
				59400.44		26954346.11			26130.28			5390860.907		12049106.96	
				11880.088					5226.056						

表附录7 住宿业营业额

类别	系数	年份	x	住宿业营业额	x-x̄	(x-x̄)²	年份	y	国内收入	y/Σy	y-ȳ	(y-ȳ)²	(x-x̄)²(y-ȳ)²	(x-x̄)*(y-ȳ)	=N1/SO1
	l=0	2011	x1	11930.6	9237.176	85325420.45	2011	y1	3785.3	0.144862589	-1440.756	2075777.852	2399163958.58	-13308516.75	-0.675470274
		2012	x2	301.57	-2391.854	5720965.557	2012	y2	4475.8	0.17128787	-750.256	562884.0655		1794502.815	
		2013	x3	275.94	-2417.484	5844228.89	2013	y3	5202.18	0.199086271	-23.876	570.063376		57719.84798	
		2014	x4	280.03	-2413.394	5824470.599	2014	y4	5947	0.227590366	720.944	519760.2511		-1739921.924	
		2015	x5	678.98	-2014.444	4057984.629	2015	y5	6720	0.257172904	1493.944	2231868.675		-3009466.527	
				12788.14		1067730070.1			26130.28	1		5390860.907		-16205682.53	
				2693.424					5226.056						
滞后	l=1	2012	x2	301.57	-64.326	4137.834276	2012	y1	3785.3		-1440.756	2075777.852	814109.786	92678.07046	0.342671188
		2013	x3	275.94	-89.956	8092.081936	2013	y2	4475.8		-750.256	562884.0655		67490.02874	
		2014	x4	280.03	-85.866	7372.969956	2014	y3	5202.18		-23.876	570.063376		2050.136616	
		2015	x5	678.98	313.084	98021.59106	2015	y4	5947		720.944	519760.2511		225716.0313	
		2016	x6	292.96	-72.936	5319.660096	2016	y5	6720		1493.944	2231868.675		-108962.2996	
				1829.48		122944.1373			26130.28			5390860.907		278971.9675	
				365.896					5226.056						
	L=2	2013	x3	275.94	-94.652	8959.001104	2013	y1	3785.3		-1440.756	2075777.852	805523.3927	136370.4369	0.090557925
		2014	x4	280.03	-90.562	8201.475844	2014	y2	4475.8		-750.256	562884.0655		67944.68387	
		2015	x5	678.98	308.388	95103.15854	2015	y3	5202.18		-23.876	570.063376		-7363.071888	
		2016	x6	292.96	-77.632	6026.727424	2016	y4	5947		720.944	519760.2511		-55968.32461	
		2017	x7	325.05	-45.542	2074.073764	2017	y5	6720		1493.944	2231868.675		-68037.19765	
				370.592		120364.4367			26130.28			5390860.907		72946.52664	
									5226.056						
超前	l=-1	2010	x0	258.56	-23.026	530.196676	2011	y1	3785.3		-1440.756	2075777.852	75906.02579	33174.84766	0.245264593
		2011	x1	291.83	10.244	104.939536	2012	y2	4475.8		-750.256	562884.0655		-7685.622464	
		2012	x2	301.57	19.984	399.360256	2013	y3	5202.18		-23.876	570.063376		-477.137984	
		2013	x3	275.94	-5.646	31.877316	2014	y4	5947		720.944	519760.2511		-4070.449824	
		2014	x4	280.03	-1.556	2.421136	2015	y5	6720		1493.944	2231868.675		-2324.576864	
				1407.93		1068.79492			26130.28			5390860.907		18617.06052	
				281.586					5226.056						
	l=-2	2009	x-1	389.23	85.804	7362.326416	2011	y1	3785.3		-1440.756	2075777.852	235280.6979	-123622.6278	-0.561394938
		2010	x0	258.56	-44.866	2012.957956	2012	y2	4475.8		-750.256	562884.0655		33660.9857	
		2011	x1	291.83	-11.596	134.467216	2013	y3	5202.18		-23.876	570.063376		276.866096	
		2012	x2	301.57	-1.856	3.444736	2014	y4	5947		720.944	519760.2511		-1338.072064	
		2013	x3	275.94	-27.486	755.480196	2015	y5	6720		1493.944	2231868.675		-41062.54478	
				1517.13		10268.67652			26130.28			5390860.907		-132085.3929	
				303.426					5226.056						

表附录8　职工平均工资

类别	系数	年份	x	职工平均工资	x-x̄	(x-x̄)²	年份	y	国内收入	y/Σy	y-ȳ	(y-ȳ)²	(x-x̄)²*(y-ȳ)²	(x-x̄)*(y-ȳ)	=N1/SO1
滞后	l=0	2011	x1	46660	-9796.8	95972900.24	2011	y1	3785.3	0.144862589	-1440.756	2075777.852	37313987.91	14114798.38	0.999333021
		2012	x2	50813	-5643.8	31852478.44	2012	y2	4475.8	0.17128787	-750.256	562884.0655		4234294.813	
		2013	x3	56571	114.2	13041.64	2013	y3	5202.18	0.199086271	-23.876	570.063376		-2726.6392	
		2014	x4	61572	5115.2	26165271.04	2014	y4	5947	0.227590366	720.944	519760.2511		3687772.749	
		2015	x5	66668	10211.2	104268605.4	2015	y5	6720	0.257172904	1493.944	2231868.675		15254960.97	
				215616		258276686.8			26130.28	1		5390860.907		37289100.28	
				56456.8					5226.056						
	l=1	2012	x2	50813	-10977	120494529	2012	y1	3785.3		-1440.756	2075777.852	40525897.7	15815178.61	0.99903703
		2013	x3	56571	-5219	27237961	2013	y2	4475.8		-750.256	562884.0655		3915586.064	
		2014	x4	61572	-218	47524	2014	y3	5202.18		-23.876	570.063376		5204.968	
		2015	x5	66668	4878	23794884	2015	y4	5947		720.944	519760.2511		3516764.832	
		2016	x6	73326	11536	133079296	2016	y5	6720		1493.944	2231868.675		17234137.98	
				308950		304654194			26130.28			5390860.907		40486872.46	
				61790					5226.056						
	L=2	2013	x3	56571	-11206.4	125583401	2013	y1	3785.3		-1440.756	2075777.852	44321672.93	16145688.04	0.997443904
		2014	x4	61572	-6205.4	38506989.16	2014	y2	4475.8		-750.256	562884.0655		4655638.582	
		2015	x5	66668	-1109.4	1230768.36	2015	y3	5202.18		-23.876	570.063376		26488.0344	
		2016	x6	73326	5548.6	30786961.96	2016	y4	5947		720.944	519760.2511		4000229.878	
		2017	x7	80750	12972.6	168288350.8	2017	y5	6720		1493.944	2231868.675		19380337.93	
				257121		364396471.2			26130.28			5390860.907		44208382.47	
				51424.2					5226.056						
超前	l=-1	2010	x0	41505	-9919.2	98390528.64	2010	y1	3785.3		-1440.756	2075777.852	36779394.04	14291146.92	0.999225518
		2011	x1	46660	-4764.2	22697601.64	2011	y2	4475.8		-750.256	562884.0655		3574369.635	
		2012	x2	50813	-611.2	373565.44	2012	y3	5202.18		-23.876	570.063376		14593.0112	
		2013	x3	56571	5146.8	26489550.24	2013	y4	5947		720.944	519760.2511		3710554.579	
		2014	x4	61572	10147.8	102977844.8	2014	y5	6720		1493.944	2231868.675		15160244.92	
				257121		250929090.8			26130.28			5390860.907		36750909.06	
				51424.2					5226.056						
	l=-2	2009	x-1	37395	-9193.8	84525958.44	2009	y1	3785.3		-1440.756	2075777.852	35048315	13246022.51	0.999098913
		2011	x0	41505	-5083.8	25845022.44	2011	y2	4475.8		-750.256	562884.0655		3814151.453	
		2011	x1	46660	71.2	5069.44	2011	y3	5202.18		-23.876	570.063376		-1699.9712	
		2012	x2	50813	4224.2	17843865.64	2012	y4	5947		720.944	519760.2511		3045411.645	
		2013	x3	56571	9982.2	99644316.84	2013	y5	6720		1493.944	2231868.675		14912847.8	
				232944		227864232.8			26130.28			5390860.907		35016733.44	
				46588.8					5226.056						

表附录9　货物进出口贸易总额

类别	系数	年份	x	货物进出口贸易总额	x-x̄	(x-x̄)²	年份	y	国内收入	y/Σy	y-ȳ	(y-ȳ)²	(x-x̄)²*(y-ȳ)²	(x-x̄)*(y-ȳ)	=N1/SO1
	l=0	2011	x1	19982.09	-793.154	629093.2677	2011	y1	3785.3	0.144862589	-1440.756	2075777.852	4310252.583	1142741.384	0.895588695
		2012	x2	19720.42	-1054.824	1112653.671	2012	y2	4475.8	0.17128787	-750.256	562884.0655		791388.0349	
		2013	x3	20794.72	19.476	379.314576	2013	y3	5202.18	0.199086271	-23.876	570.063376		-465.008976	
		2014	x4	21816.81	1041.566	1084859.732	2014	y4	5947	0.227590366	720.944	519760.2511		750910.7583	
		2015	x5	21562.18	786.936	619268.2681	2015	y5	6720	0.257172904	1493.944	2231868.675		1175638.316	
				82314.04		3446254.254			26130.28	1		5390860.907		3860213.484	
				20775.244					5226.056						
滞后	l=1	2012	x2	19720.42	-1498.822	2246467.388	2012	y1	3785.3		-1440.756	2075777.852	4565999.391	2159436.789	0.915289973
		2013	x3	20794.72	-424.522	180218.9285	2013	y2	4475.8		-750.256	562884.0655		318500.1776	
		2014	x4	21816.81	597.568	357087.5146	2014	y3	5202.18		-23.876	570.063376		-14267.53357	
		2015	x5	21562.18	342.938	117606.4718	2015	y4	5947		720.944	519760.2511		247239.0935	
		2016	x6	22202.08	982.838	965970.5342		y5	6720		1493.944	2231868.675		1468304.933	
				106096.21		3867350.837			26130.28			5390860.907		4179213.46	
				21219.242					5226.056						
	L=2	2013	x3	20794.72	-1601.502	2564808.656	2013	y1	3785.3		-1440.756	2075777.852	8666389.37	2307373.616	0.855747579
		2014	x4	21816.81	-579.412	335718.2657	2014	y2	4475.8		-750.256	562884.0655		434707.3295	
		2015	x5	21562.18	-834.042	695626.0578	2015	y3	5202.18		-23.876	570.063376		19913.58679	
		2016	x6	22202.08	-194.142	37691.11616		y4	5947		720.944	519760.2511		-139965.51	
		2017	x7	25605.32	3209.098	10298309.97		y5	6720		1493.944	2231868.675		4794212.703	
				111981.11		13932154.07			26130.28			5390860.907		7416241.724	
				22396.222					5226.056						
超前	l=1	2010	x0	17162.92	-2732.472	7466403.231	2010	y1	3785.3		-1440.756	2075777.852	8044763.363	3936825.429	0.919208316
		2011	x1	19982.09	86.698	7516.543204	2011	y2	4475.8		-750.256	562884.0655		-65045.69469	
		2012	x2	19720.42	-174.972	30615.20078	2012	y3	5202.18		-23.876	570.063376		4177.631472	
		2013	x3	20794.72	899.328	808790.8516	2013	y4	5947		720.944	519760.2511		648365.1256	
		2014	x4	21816.81	1921.418	3691847.131	2014	y5	6720		1493.944	2231868.675		2870490.893	
				99476.96		12005172.96			26130.28			5390860.907		7394813.384	
				19895.392					5226.056						
	l=2	2009	x-1	12824.17	-5272.694	27801302.02	2009	y1	3785.3		-1440.756	2075777.852	15072545.07	7596665.517	0.892569213
		2010	x0	17162.92	-933.944	872251.3951	2010	y2	4475.8		-750.256	562884.0655		700697.0897	
		2011	x1	19982.09	1885.226	3554077.071	2011	y3	5202.18		-23.876	570.063376		-45011.65598	
		2012	x2	19720.42	1623.556	2635934.085	2012	y4	5947		720.944	519760.2511		1170492.957	
		2013	x3	20794.72	2697.856	7278426.997	2013	y5	6720		1493.944	2231868.675		4030445.784	
				90484.32		42141991.57			26130.28			5390860.907		13453289.69	
				18096.864					5226.056						

表附录10 旅客周转量

类别	系数	年份	x	旅客周转量	x-x̄	(x-x̄)²	年份	y	国内收入	y/Σy	y-ȳ	(y-ȳ)²	(x-x̄)²(y-ȳ)²	(x-x̄)*(y-ȳ)	=N1/SO1
	l=0	2011	x1	1296.25	138.56	19198.8736	2011	y1	3785.3	0.144862589	-1440.756	2075777.852	643149.5527	-199631.1514	-0.756228958
		2012	x2	1317.58	159.89	25564.8121	2012	y2	4475.8	0.17128787	-750.256	562884.0655		-119958.4318	
		2013	x3	1025.1	-132.59	17580.1081	2013	y3	5202.18	0.199086271	-23.876	570.063376		3165.71884	
		2014	x4	1056.99	-100.7	10140.49	2014	y4	5947	0.227590366	720.944	519760.2511		-72599.0608	
		2015	x5	1092.53	-65.16	4245.8256	2015	y5	6720	0.257172904	1493.944	2231868.675		-97345.39104	
				4695.92		76730.1094			26130.28	1		5390860.907		-486368.3162	-0.551237902
				1157.69					5226.056						
滞后	l=1	2012	x2	1317.58	204.142	41673.95616	2012	y1	3785.3		-1440.756	2075777.852	542429.3199	-294118.8114	-0.551237902
		2013	x3	1025.1	-88.338	7803.602244	2013	y2	4475.8		-750.256	562884.0655		66276.11453	
		2014	x4	1056.99	-56.448	3186.376704	2014	y3	5202.18		-23.876	570.063376		1347.752448	
		2015	x5	1092.53	-20.908	437.144464	2015	y4	5947		720.944	519760.2511		-15073.49715	
		2016	x6	1074.99	-38.448	1478.248704	2016	y5	6720		1493.944	2231868.675		-57439.15891	
				5567.19		54579.32828			26130.28			5390860.907		-299007.6004	
				1113.438					5226.056						
	L=2	2013	x3	1025.1	-44.03	1938.6409	2013	y1	3785.3		-1440.756	2075777.852	135226.3578	63436.48668	0.860872561
		2014	x4	1056.99	-12.14	147.3796	2014	y2	4475.8		-750.256	562884.0655		9108.10784	
		2015	x5	1092.53	23.4	547.56	2015	y3	5202.18		-23.876	570.063376		-558.6984	
		2016	x6	1074.99	5.86	34.3396	2016	y4	5947		720.944	519760.2511		4224.73184	
		2017	x7	1069.13	26.91	724.1481	2017	y5	6720		1493.944	2231868.675		40202.03304	
				5946.66		3392.0682			26130.28			5390860.907		116412.661	
				1189.332					5226.056						
超前	l=-1	2010	x0	1250.74	61.408	3770.942464	2010	y1	3785.3		-1440.756	2075777.852	640656.937	-88473.94445	-0.761508146
		2011	x1	1296.25	106.918	11431.45872	2011	y2	4475.8		-750.256	562884.0655		-80215.87101	
		2012	x2	1317.58	128.248	16447.5495	2012	y3	5202.18		-23.876	570.063376		-3062.049248	
		2013	x3	1025.1	-164.232	26972.14982	2013	y4	5947		720.944	519760.2511		-118402.075	
		2014	x4	1056.99	-132.342	17514.40496	2014	y5	6720		1493.944	2231868.675		-197711.5368	
				5946.66		76136.50548			26130.28			5390860.907		-487865.4766	
				1189.332					5226.056						
	l=-2	2009	x-1	1152.38	-56.03	3139.3609	2009	y1	3785.3		-1440.756	2075777.852	559976.7693	80725.55868	-0.264795741
		2010	x0	1250.74	42.33	1791.8289	2010	y2	4475.8		-750.256	562884.0655		-31758.33648	
		2011	x1	1296.25	87.84	7715.8656	2011	y3	5202.18		-23.876	570.063376		-2097.26784	
		2012	x2	1317.58	109.17	11918.0889	2012	y4	5947		720.944	519760.2511		78705.45648	
		2013	x3	1025.1	-183.31	33602.5561	2013	y5	6720		1493.944	2231868.675		-273854.8746	
				6042.05		58167.7004			26130.28			5390860.907		-148279.4638	
				1208.41					5226.056						

表附录11 固定资产投资

类别	系数	年份	x	固定资产投资	x-x̄	(x-x̄)²	年份	y	国内收入	y/Σy	y-ȳ	(y-ȳ)²	(x-x̄)²*(y-ȳ)²	(x-x̄)*(y-ȳ)	=N1/SO1
	l=0	2011	x1	3043967.85	-582219.222	3.38979E+11	2011	y1	3785.3	0.144862589	-1440.756	2075777.852	2662762131	383835837.4	0.9818341
		2012	x2	3124044.72	-502142.352	2.52147E+11	2012	y2	4475.8	0.17128787	-750.256	562884.0655		376735312.4	
		2013	x3	3543893.33	-82293.742	6772259972	2013	y3	5202.18	0.199086271	-23.876	570.063376		1964845.384	
		2014	x4	4073860.51	447673.438	2.00412E+11	2014	y4	5947	0.227590366	720.944	519760.2511		32274479.1	
		2015	x5	4345168.95	718981.878	5.16935E+11	2015	y5	6720	0.257172904	1493.944	2231868.675		1074118663	
				13785766.41		1.31524E+12			26130.28	1		5390860.907		2614402137	
				3626187.072					5226.056						
滞后	l=1	2012	x2	3124044.72	-796447.8	6.34329E+11	2012	y1	3785.3		-1440.756	2075777.852	2681736357	1147486947	0.977515695
		2013	x3	3543893.33	-376599.19	1.41827E+11	2013	y2	4475.8		-750.256	562884.0655		282545801.9	
		2014	x4	4073860.51	153367.99	23521740357	2014	y3	5202.18		-23.876	570.063376		-3661814.129	
		2015	x5	4345168.95	424676.43	1.8035E+11	2015	y4	5947		720.944	519760.2511		306167924.1	
		2016	x6	4515495.09	595002.57	3.54028E+11	2016	y5	6720		1493.944	2231868.675		888900519.4	
				19602462.6		1.33406E+12			26130.28			5390860.907		261439378	
				3920492.52					5226.056						
	L=2	2013	x3	3543893.33	-617375.384	3.81152E+11	2013	y1	3785.3		-1440.756	2075777.852	1761929588	889487288.8	0.825815399
		2014	x4	4073860.51	-87408.204	7640194127	2014	y2	4475.8		-750.256	562884.0655		65578529.5	
		2015	x5	4345168.95	183900.236	33819296801	2015	y3	5202.18		-23.876	570.063376		-4390802.035	
		2016	x6	4515495.09	354226.376	1.25476E+11	2016	y4	5947		720.944	519760.2511		255377380.4	
		2017	x7	4327925.69	166656.976	27774547649	2017	y5	6720		1493.944	2231868.675		248976189.4	
				4161268.714		5.75863E+11			26130.28			5390860.907		1455028586	
									5226.056						
	l=-1	2010	x0	3362429.98	-67209.298	4517089738	2010	y1	3785.3		-1440.756	2075777.852	1907179976	96832199.35	0.754140728
		2011	x1	3043967.85	-385671.428	1.48742E+11	2011	y2	4475.8		-750.256	562884.0655		289352302.9	
		2012	x2	3124044.72	-305594.558	93388033879	2012	y3	5202.18		-23.876	570.063376		7296375.667	
		2013	x3	3543893.33	114254.052	13053988398	2013	y4	5947		720.944	519760.2511		82370773.27	
		2014	x4	4073860.51	644221.232	4.15021E+11	2014	y5	6720		1493.944	2231868.675		962430444.2	
				17148196.39		6.74723E+11			26130.28			5390860.907		1438282095	
				3429639.278					5226.056						

表附录12　出境人数

类别	系数	年份	x	出境人数	x-x̄	(x-x̄)²	年份	y	国内收入	y/Σy	y-ȳ	(y-ȳ)²	(x-x̄)²*(y-ȳ)²	(x-x̄)*(y-ȳ)	=N1/SO1
	I=0	2011	x1	0.2135	-0.03396	0.00115153282	2011	y1	3785.3	0.14862589	-1440.756	2075777.852	125.4083509	48.92807376	0.984983969
		2012	x2	0.2357	-0.01176	0.000138298	2012	y2	4475.8	0.17128787	-750.256	562884.0655		8.82301056	
		2013	x3	0.2433	-0.00416	1.73056E-05	2013	y3	5202.18	0.199008627	-23.876	570.063376		0.09932416	
		2014	x4	0.2589	0.01144	0.000130874	2014	y4	5947	0.227590366	720.944	519760.2511		8.24759936	
		2015	x5	0.2859	0.03844	0.000147634	2015	y5	6720	0.257172904	1493.944	2231868.675		57.42720736	
				0.9514		0.002917392			26130.28	1		5390860.907		123.5252152	
				0.24746					5226.056						
滞后	I=1	2012	x2	0.2357	-0.03346	0.00119572	2011	y1	3785.3		-1440.756	2075777.852	163.613966	48.20769576	0.970947231
		2013	x3	0.2433	-0.02586	0.00066874	2012	y2	4475.8		-750.256	562884.0655		19.40162016	
		2014	x4	0.2589	-0.01026	0.000105268	2013	y3	5202.18		-23.876	570.063376		0.24496776	
		2015	x5	0.2859	0.01674	0.00280228	2014	y4	5947		720.944	519760.2511		12.06860256	
		2016	x6	0.322	0.05284	0.002792066	2015	y5	6720		1493.944	2231868.675		78.94000096	
				1.3458		0.004965872			26130.28			5390860.907		158.8628872	
				0.26916					5226.056						
	L=2	2013	x3	0.2433	-0.05436	0.00295501	2011	y1	3785.3		-1440.756	2075777.852	250.872621	78.31949616	0.97878477
		2014	x4	0.2589	-0.03876	0.001502338	2012	y2	4475.8		-750.256	562884.0655		29.07992256	
		2015	x5	0.2859	-0.01176	0.000138298	2013	y3	5202.18		-23.876	570.063376		0.28078176	
		2016	x6	0.322	0.02434	0.000592436	2014	y4	5947		720.944	519760.2511		17.54777696	
		2017	x7	0.3782	0.08054	0.006486692	2015	y5	6720		1493.944	2231868.675		120.3222498	
				0.29766		0.011674772			26130.28			5390860.907		245.5502272	
									5226.056						
超前	I=1	2010	x0	0.1861	-0.0414	0.00171396	2011	y1	3785.3		-1440.756	2075777.852	131.6045513	59.6472984	0.974554867
		2011	x1	0.2135	-0.014	0.000196	2012	y2	4475.8		-750.256	562884.0655		10.503584	
		2012	x2	0.2357	0.0082	6.724E-05	2013	y3	5202.18		-23.876	570.063376		-0.1957832	
		2013	x3	0.2433	0.0158	0.00024964	2014	y4	5947		720.944	519760.2511		11.3909152	
		2014	x4	0.2589	0.0314	0.00098596	2015	y5	6720		1493.944	2231868.675		46.9098416	
				1.1375		0.0032128			26130.28			5390860.907		128.255856	
				0.2275					5226.056						
	I=2	2009	x-1	0.1551	-0.05164	0.00266669	2011	y1	3785.3		-1440.756	2075777.852	169.249763	74.40063984	0.976200202
		2010	x0	0.1861	-0.02064	0.00042601	2012	y2	4475.8		-750.256	562884.0655		15.48528384	
		2011	x1	0.2135	0.00676	4.56976E-05	2013	y3	5202.18		-23.876	570.063376		-0.16140176	
		2012	x2	0.2357	0.02896	0.000838682	2014	y4	5947		720.944	519760.2511		20.87853824	
		2013	x3	0.2433	0.03656	0.001336634	2015	y5	6720		1493.944	2231868.675		54.61859264	
				1.0337		0.005313712			26130.28			5390860.907		165.2216528	
				0.20674					5226.056						
	I=3	2008	x-2	0.141	-0.04528	0.002050278	2011	y1	3785.3		-1440.756	2075777.852	182.9055278	65.23743168	0.99538636
		2009	x-1	0.1551	-0.03118	0.000972192	2012	y2	4475.8		-750.256	562884.0655		23.39298208	
		2010	x0	0.1861	-0.00018	3.24E-08	2013	y3	5202.18		-23.876	570.063376		0.00429768	
		2011	x1	0.2135	0.02722	0.000740928	2014	y4	5947		720.944	519760.2511		19.62409568	
		2012	x2	0.2357	0.04942	0.002442336	2015	y5	6720		1493.944	2231868.675		73.83071248	
				0.9314		0.006205768			26130.28			5390860.907		182.0895196	
				0.18628					5226.056						

表附录13 居民消费水平

类别	系数	年份	x	居民消费水平	$x-\bar{x}$	$(x-\bar{x})^2$	年份	y	国内收入	$y/\Sigma y$	$y-\bar{y}$	$(y-\bar{y})^2$	$(x-\bar{x})^2*(y-\bar{y})^2$	$(x-\bar{x})*(y-\bar{y})$	$=N1/SO1$
	l=0	2011	x_1	21346	-3565.8	12714929.64	2011	y_1	3785.3	0.144862589	-1440.756	2075777.852	13802929.66	5137447.745	0.999156818
		2012	x_2	22845	-2066.8	4271662.24	2012	y_2	4475.8	0.17128787	-750.256	562884.0655		1550629.101	
		2013	x_3	24771	-140.8	19824.64	2013	y_3	5202.18	0.199086271	-23.876	570.063376		3361.7408	
		2014	x_4	26885	1973.2	3893518.24	2014	y_4	5947	0.227590366	720.944	519760.2511		1422566.701	
		2015	x_5	28712	3800.2	14441520.04	2015	y_5	6720	0.257717904	1493.944	2231868.675		5677285.989	
				124559		35341454.8			26130.28	1		5390860.907		13791291.28	
				24911.8					5226.056						
滞后	l=1	2012	x_2	22845	-3946.2	15572494.44	2012	y_1	3785.3		-1440.756	2075777.852		5685511.327	
		2013	x_3	24771	-2020.2	4081208.04	2013	y_2	4475.8		-750.256	562884.0655		1515667.171	
		2014	x_4	26885	93.8	8798.44	2014	y_3	5202.18		-23.876	570.063376	14493958.2	-2239.5688	0.99955415
		2015	x_5	28712	1920.8	3689472.64	2015	y_4	5947		720.944	519760.2511		1384789.235	
		2016	x_6	30743	3951.8	15616723.24	2016	y_5	6720		1493.944	2231868.675		5903767.899	
				133956		38968696.8			26130.28			5390860.907		14487496.06	
				26791.2					5226.056						
	l=2	2013	x_3	24771	-4221.4	17820217.96	2013	y_1	3785.3		-1440.756	2075777.852		6082007.378	
		2014	x_4	26885	-2107.4	4441134.76	2014	y_2	4475.8		-750.256	562884.0655		1581089.494	
		2015	x_5	28712	-280.4	78624.16	2015	y_3	5202.18		-23.876	570.063376	16254512.37	6694.8304	0.996052802
		2016	x_6	30743	1750.6	3064600.36	2016	y_4	5947		720.944	519760.2511		1262084.566	
		2017	x_7	33851	4858.6	23605993.96	2017	y_5	6720		1493.944	2231868.675		7258476.318	
				144962		49010571.2			26130.28			5390860.907		16190352.59	
				28992.4					5226.056						
超前	l=1	2010	x_0	18274	-4550.2	20704320.04	2010	y_1	3785.3		-1440.756	2075777.852		6555727.951	
		2011	x_1	21346	-1478.2	2185075.24	2011	y_2	4475.8		-750.256	562884.0655		1109028.419	
		2012	x_2	22845	20.8	432.64	2012	y_3	5202.18		-23.876	570.063376	15255268.65	-496.6208	0.992077011
		2013	x_3	24771	1946.8	3790030.24	2013	y_4	5947		720.944	519760.2511		1403533.779	
		2014	x_4	26885	4060.8	16490096.64	2014	y_5	6720		1493.944	2231868.675		6066607.795	
				114121		43169954.8			26130.28			5390860.907		15134401.32	
				22824.2					5226.056						
	l=2	2009	x_{-1}	15867	-4753.6	22596712.96	2009	y_1	3785.3		-1440.756	2075777.852		6848777.722	
		2010	x_0	18274	-2346.6	5506531.56	2010	y_2	4475.8		-750.256	562884.0655		1760550.73	
		2011	x_1	21346	725.4	526205.16	2011	y_3	5202.18		-23.876	570.063376	16549112.38	-17319.6504	0.990756569
		2012	x_2	22845	2224.4	4947955.36	2012	y_4	5947		720.944	519760.2511		1603667.834	
		2013	x_3	24771	4150.4	17225820.16	2013	y_5	6720		1493.944	2231868.675		6200465.178	
				103103		50803225.2			26130.28			5390860.907		16396141.81	
				20620.6					5226.056						
	l=3	2008	x_{-2}	14264	-4255.2	18106727.04	2008	y_1	3785.3		-1440.756	2075777.852		6130704.931	
		2009	x_{-1}	15867	-2652.2	7034164.84	2009	y_2	4475.8		-750.256	562884.0655		1989828.963	
		2010	x_0	18274	-245.2	60123.04	2010	y_3	5202.18		-23.876	570.063376	16727497.68	5854.3952	0.993983443
		2011	x_1	21346	2826.8	7990798.24	2011	y_4	5947		720.944	519760.2511		2037964.499	
		2012	x_2	22845	4325.8	18712545.64	2012	y_5	6720		1493.944	2231868.675		6462202.955	
				92596		51904358.8			26130.28			5390860.907		16626855.74	
				18519.2					5226.056						

表附录14　客运量

类别	系列系数	年份	x	客运量	x-x̄	(x-x̄)²	年份	y	国内收入	y/Σy	y-ȳ	(y-ȳ)²	(x-x̄)²*(y-ȳ)²	(x-x̄)*(y-ȳ)	=N1/SO1
	l=0	2011	x1	231900	62328.6	3884854378	2011	y1	3785.3	0.144862589	-1440.756	2075777.852	272486402.1	-89800304.42	-0.914289679
		2012	x2	234366	64794.6	4198340189	2012	y2	4475.8	0.17128787	-750.256	562884.0655		-48612537.42	
		2013	x3	136790	-32781.4	1074620186	2013	y3	5202.18	0.199086271	-23.876	570.063376		782688.7064	
		2014	x4	131486	-38085.4	1450497693	2014	y4	5947	0.227590366	720.944	519760.2511		-27457440.62	
		2015	x5	113315	-56256.4	3164782541	2015	y5	6720	0.257172904	1493.944	2231868.675		-84043911.24	
				107377		13773094987			26130.28	1		5390860.907		-249131505	
				734542					5226.056						
				169571.4											
滞后	l=1	2012	x2	234366	89699.2	8045946481	2012	y1	3785.3		-1440.756	2075777.852	239667768.2	-129234660.6	-0.84000492
		2013	x3	136790	-7876.8	62043978.24	2013	y2	4475.8		-750.256	562884.0655		5909616.461	
		2014	x4	131486	-13180.8	173733488.6	2014	y3	5202.18		-23.876	570.063376		314704.7808	
		2015	x5	113315	-31351.8	982935363.2	2015	y4	5947		720.944	519760.2511		-22602892.1	
		2016	x6	107377	-37289.8	1390529184	2016	y5	6720		1493.944	2231868.675		-55708872.97	
			x7	107293		10655188495			26130.28			5390860.907		-201322104.4	
				723334					5226.056						
				144666.8											
	L=2	2013	x3	136790	17537.8	307574428.8	2013	y1	3785.3		-1440.756	2075777.852	64700726.06	-25267690.58	-0.938662498
		2014	x4	131486	12233.8	149665862.4	2014	y2	4475.8		-750.256	562884.0655		-9178481.853	
		2015	x5	113315	-5937.2	35250343.84	2015	y3	5202.18		-23.876	570.063376		141756.5872	
		2016	x6	107377	-11875.2	141020375	2016	y4	5947		720.944	519760.2511		-8561354.189	
		2017	x7	107293	-11959.2	776533474.8	2017	y5	6720		1493.944	2231868.675		-17866375.08	
				596261					26130.28			5390860.907		-60732145.12	
				119252.2					5226.056						
超前	l=-1	2010	x0	228017	35505.2	1260619227	2010	y1	3785.3		-1440.756	2075777.852	247825523	-51154329.93	-0.859662462
		2011	x1	231900	39388.2	1551430299	2011	y2	4475.8		-750.256	562884.0655		-29551233.38	
		2012	x2	234366	41854.2	1751774058	2012	y3	5202.18		-23.876	570.063376		-999310.8792	
		2013	x3	136790	-55721.8	3104918995	2013	y4	5947		720.944	519760.2511		-40172297.38	
		2014	x4	131486	-61025.8	3724148266	2014	y5	6720		1493.944	2231868.675		-91169127.76	
				962559		11392890845			26130.28			5390860.907		-213046299.3	
				192511.8					5226.056						
	l=-2	2009	x-2	222130	11489.4	132006312.4	2009	y1	3785.3		-1440.756	2075777.852	192903001.1	-16553421.99	-0.639294024
		2010	x0	228017	17376.4	301939277	2010	y2	4475.8		-750.256	562884.0655		-13036748.36	
		2011	x1	231900	21259.4	451962088.4	2011	y3	5202.18		-23.876	570.063376		-507589.4344	
		2012	x2	234366	23725.4	562894605.2	2012	y4	5947		720.944	519760.2511		17104684.78	
		2013	x3	136790	-73850.6	5453911120	2013	y5	6720		1493.944	2231868.675		-110328660.8	
				1053203		6902713403			26130.28			5390860.907		-123321735.8	
				210640.6					5226.056						
	l=-3	2008	x-2	217209	-9515.4	90542837.16	2008	y1	3785.3		-1440.756	2075777.852	32712418.56	13709369.64	0.9865649
		2009	x-1	222130	-4594.4	21108511.36	2009	y2	4475.8		-750.256	562884.0655		346976.166	
		2010	x0	228017	1292.6	1670814.76	2010	y3	5202.18		-23.876	570.063376		-30862.1176	
		2011	x1	231900	5175.6	26786835.36	2011	y4	5947		720.944	519760.2511		3731317.766	
		2012	x2	234366	7641.6	58394050.56	2012	y5	6720		1493.944	2231868.675		11416122.47	
				1133622		198503049.2			26130.28			5390860.907		32272923.93	
				226724.4					5226.056						

表附录15　人均可支配收入

类别	系数	年份	x	人均可支配收入	$(x-\bar{x})$	$(x-\bar{x})^2$	年份	y	国内收入	$y/\Sigma y$	$(y-\bar{y})$	$(y-\bar{y})^2$	$(x-\bar{x})^2*(y-\bar{y})^2$	$(x-\bar{x})*(y-\bar{y})$	=N1/SO1
	l=0	2011	x_1	30971	-6572.8	43201699.84	2011	y_1	3785.3	0.144862589	-1440.756	2075777.852	23133497.63	9469801.037	0.997496513
		2012	x_2	34550	-2993.8	8962838.44	2012	y_2	4475.8	0.17128787	-750.256	562884.0655		2246116.413	
		2013	x_3	37851	307.2	94371.84	2013	y_3	5202.18	0.199086271	-23.876	570.063376		-7334.7072	
		2014	x_4	40734	3190.2	10177376.04	2014	y_4	5947	0.227590366	720.944	519760.2511		2299955.549	
		2015	x_5	43613	6069.2	36835188.64	2015	y_5	6720	0.257172904	1493.944	2231868.675		9067044.925	
				187719		99271474.8			26130.28	1		5390860.907		23075583.22	
				37543.8					5226.056						
滞后	l=1	2012	x_2	34550	-6120.6	37461744.36	2012	y_1	3785.3		-1440.756	2075777.852	21939778.97	8818291.174	0.990060482
		2013	x_3	37851	-2819.6	7950144.16	2013	y_2	4475.8		-750.256	562884.0655		2115421.818	
		2014	x_4	40734	63.4	4019.56	2014	y_3	5202.18		-23.876	570.063376		-1513.7384	
		2015	x_5	43613	2942.4	8657717.76	2015	y_4	5947		720.944	519760.2511		2121305.626	
		2016	x_6	46605	5934.4	35217103.36	2016	y_5	6720		1493.944	2231868.675		8865661.274	
				203353		89290729.2			26130.28			5390860.907		21919166.15	
				40670.6					5226.056						
	L=2	2013	x_3	37851	-5934	35212356	2013	y_1	3785.3		-1440.756	2075777.852	22349942.3	8549446.104	0.999679048
		2014	x_4	40734	-3051	9308601	2014	y_2	4475.8		-750.256	562884.0655		2289031.056	
		2015	x_5	43613	-172	29584	2015	y_3	5202.18		-23.876	570.063376		4106.672	
		2016	x_6	46605	2820	7952400	2016	y_4	5947		720.944	519760.2511		2033062.08	
		2017	x_7	50122	6337	40157569	2017	y_5	6720		1493.944	2231868.675		9467123.128	
				43785		92660510			26130.28			5390860.907		22342769.04	
	l=-1	2010	x_0	27359	-6934	48080356	2010	y_1	3785.3		-1440.756	2075777.852	24717101.95	9990202.104	0.997852762
		2011	x_1	30971	-3322	11035684	2011	y_2	4475.8		-750.256	562884.0655		2492350.432	
		2012	x_2	34550	257	66049	2012	y_3	5202.18		-23.876	570.063376		-6136.132	
		2013	x_3	37851	3558	12659364	2013	y_4	5947		720.944	519760.2511		2565118.752	
		2014	x_4	40734	6441	41486481	2014	y_5	6720		1493.944	2231868.675		9622493.304	
				171465		113327934			26130.28			5390860.907		24664028.46	
				34293					5226.056						
	l=-2	2009	x_{-1}	24611	-6457.4	41698014.76	2009	y_1	3785.3		-1440.756	2075777.852	24745920.18	9303537.794	0.999426409
		2010	x_0	27359	-3709.4	13759648.36	2010	y_2	4475.8		-750.256	562884.0655		2782999.606	
		2011	x_1	30971	-97.4	9486.76	2011	y_3	5202.18		-23.876	570.063376		2325.5224	
		2012	x_2	34550	3481.6	12121538.56	2012	y_4	5947		720.944	519760.2511		2510038.63	
		2013	x_3	37851	6782.6	46003662.76	2013	y_5	6720		1493.944	2231868.675		10132824.57	
				155342	124273.6	113592351.2			26130.28			5390860.907		24731726.13	
				31068.4					5226.056						

表附录16　酒店收入

类别	系数	年份	x	酒店	x-x̄	(x-x̄)²	年份	y	国内收入	y/Sy	y-ȳ	(y-ȳ)²	(x-x̄)²*(y-ȳ)²	(x-x̄)*(y-ȳ)	=N1/SO1
	l=0	2011	x1	264.72	-4.08	16.6464	2011	y1	3785.3	0.144862589	-1440.756	2075777.852	45792.94944	5878.28448	0.337046563
		2012	x2	276.61	7.81	60.9961	2012	y2	4475.8	0.17128787	-750.256	562884.0655		-5859.49936	
		2013	x3	257.59	-11.21	125.6641	2013	y3	5202.18	0.19908627	-23.876	570.063376		267.64996	
		2014	x4	263.66	-5.14	26.4196	2014	y4	5947	0.227590366	720.944	519760.2511		-3705.65216	
		2015	x5	281.42	12.62	159.2644	2015	y5	6720	0.25717290	1493.944	2231868.675		18853.57328	
				1062.58		388.9906			26130.28			5390860.907		15434.3562	
				268.8					5226.056						
港后	l=1	2012	x2	276.61	0.352	0.123904	2012	y1	3785.3	0.144862589	-1440.756	2075777.852	80334.37883	-507.146112	0.69998998
		2013	x3	257.59	-18.668	348.494224	2013	y2	4475.8	0.17128787	-750.256	562884.0655		14005.77901	
		2014	x4	263.66	-12.598	158.709604	2014	y3	5202.18	0.19908627	-23.876	570.063376		300.789848	
		2015	x5	281.42	5.162	26.646244	2015	y4	5947	0.227590366	720.944	519760.2511		3721.512928	
		2016	x6	302.01	25.752	663.165504	2016	y5	6720	0.257172904	1493.944	2231868.675		38472.04589	
				1381.29		1197.13948			26130.28	1		5390860.907		55992.98156	
				276.258					5226.056						
	L=2	2013	x3	257.59	-26.452	699.708304	2013	y1	3785.3	0.144862589	-1440.756	2075777.852	114603.8231	38110.87771	0.990023071
		2014	x4	263.66	-20.382	415.425924	2014	y2	4475.8	0.17128787	-750.256	562884.0655		15291.71779	
		2015	x5	281.42	-2.622	6.874884	2015	y3	5202.18	0.19908627	-23.876	570.063376		62.602872	
		2016	x6	302.01	17.968	322.849024	2016	y4	5947	0.227590366	720.944	519760.2511		12953.92179	
		2017	x7	315.53	31.488	991.494144	2017	y5	6720	0.257172904	1493.944	2231868.675		47041.30867	
				284.042		2436.35228			26130.28			5390860.907		113460.4288	
超前	i=-1	2010	x0	210.05	-44.476	1978.114576	2010	y1	3785.3	0.144862589	-1440.756	2075777.852	119805.9039	64079.06386	0.598954903
		2011	x1	264.72	10.194	103.917636	2011	y2	4475.8	0.17128787	-750.256	562884.0655		-7648.109664	
		2012	x2	276.61	22.084	487.703056	2012	y3	5202.18	0.19908627	-23.876	570.063376		-527.277584	
		2013	x3	257.59	3.064	9.388096	2013	y4	5947	0.227590366	720.944	519760.2511		2208.972416	
		2014	x4	263.66	9.134	83.429956	2014	y5	6720	0.257172904	1493.944	2231868.675		13645.6845	
				1272.63		2662.55332			26130.28			5390860.907		71758.33352	
				254.526					5226.056						
	i=-1	2009	x-1	165.46	-69.426	4819.969476		y1	3785.3	0.144862589	-1440.756	2075777.852	215106.9194	100025.9261	0.688158407
		2010	x0	210.05	-24.836	616.826896		y2	4475.8	0.17128787	-750.256	562884.0655		18633.35802	
		2011	x1	264.72	29.834	890.067556		y3	5202.18	0.19908627	-23.876	570.063376		-712.316584	
		2012	x2	276.61	41.724	1740.892176		y4	5947	0.227590366	720.944	519760.2511		30080.66746	
		2013	x3	257.59	22.704	515.471616		y5	6720	0.257172904	1493.944	2231868.675		33918.50458	
				1174.43		8583.22772			26130.28			5390860.907		148027.6349	
				234.886		0			5226.056						

166

表 附表1 入境人数

类别	系数	年份	x	入境人数	x-x̄	(x-x̄)²	年份	y	国内收入	y/Sy	y-ȳ	(y-ȳ)²	(x-x̄)²*(y-ȳ)²	(x-x̄)*(y-ȳ)	=N1/SO1
	l=0	2011	x1	7736908	-1161032	1.348E+12	2011	y1	3785.3	0.144862589	-1440.756	2075777.852	4104207006	1672763820	0.969975022
		2012	x2	8659290	-238650	56953822500	2012	y2	4475.8	0.17128787	-750.256	562884.0655		179048594.4	
		2013	x3	8662817	-235123	55282825129	2013	y3	5202.18	0.199086271	-23.876	570.063376		5613796.748	
		2014	x4	9310301	412361	1.70042E+11	2014	y4	5947	0.227590366	720.944	519760.2511		297289188.8	
		2015	x5	10120384	1222444	1.49437E+12	2015	y5	6720	0.257172904	1493.944	2231868.675		1826262879	
				44489700		3.12464E+12			26130.28	1				3980978279	
				8897940					5226.056						
滞后	l=1	2012	x2	8659290	-931872.2	8.68386E+11	2012	y1	3785.3	0.144862589	-1440.756	2075777.852	5026760571	1342600463	0.961924856
		2013	x3	8662817	-928345.2	8.61825E+11	2013	y2	4475.8	0.17128787	-750.256	562884.0655		696496556.4	
		2014	x4	9310301	-280861.2	78883013665	2014	y3	5202.18	0.199086271	-23.876	570.063376		6705842.011	
		2015	x5	10120384	529221.8	2.80076E+11	2015	y4	5947	0.227590366	720.944	519760.2511		381539281.4	
		2016	x6	11203019	1611856.8	2.59808E+12	2016	y5	6720	0.257172904	1493.944	2231868.675		2408023795	
				47955811		4.68725E+12			26130.28	1				4835365938	
				9591162.2					5226.056						
	L=2	2013	x3	8662817	-1619955	2.62425E+12	2013	y1	3785.3	0.144862589	-1440.756	2075777.852	6488160985	2333959886	0.997451542
		2014	x4	9310301	-972471	9.457E+11	2014	y2	4475.8	0.17128787	-750.256	562884.0655		729602202.6	
		2015	x5	10120384	-162388	26369862544	2015	y3	5202.18	0.199086271	-23.876	570.063376		3877175.888	
		2016	x6	11203019	920247	8.46855E+11	2016	y4	5947	0.227590366	720.944	519760.2511		663446553.2	
		2017	x7	12117339	1834567	3.36564E+12	2017	y5	6720	0.257172904	1493.944	2231868.675		2740740362	
				10282772		7.80881E+12			26130.28					6471626180	
									5226.056						
超前	l=-1	2010	x0	6847102	-1396181.6	1.94932E+12	2010	y1	3785.3	0.144862589	-1440.756	2075777.852	4462090931	2011557017	0.95875682
		2011	x1	7736908	-506375.6	2.56416E+11	2011	y2	4475.8	0.17128787	-750.256	562884.0655		379911332.2	
		2012	x2	8659290	416006.4	1.73061E+11	2012	y3	5202.18	0.199086271	-23.876	570.063376		-9932568.806	
		2013	x3	8662817	419533.4	1.76008E+11	2013	y4	5947	0.227590366	720.944	519760.2511		302460087.5	
		2014	x4	9310301	1067017.4	1.13853E+12	2014	y5	6720	0.257172904	1493.944	2231868.675		1594064243	
				41216418		3.69334E+12			26130.28					4278060111	
				8243283.6					5226.056						
	l=-2	2009	x-1	5706385	-1816115.4	3.29828E+12	2009	y1	3785.3	0.144862589	-1440.756	2075777.852	5870595254	2616579159	0.670757076
		2010	x0	6847102	-675398.4	4.56163E+11	2010	y2	4475.8	0.17128787	-750.256	562884.0655		506721702	
		2011	x1	7736908	214407.6	45970618938	2011	y3	5202.18	0.199086271	-23.876	570.063376		-5119195.858	
		2012	x2	8659290	1136789.6	1.29229E+12	2012	y4	5947	0.227590366	720.944	519760.2511		819561641.4	
		2013	x3	8662817	1140316.6	1.30032E+12	2013	y5	6720	0.257172904	1493.944	2231868.675		1703569143	
				37612502		6.39302E+12			26130.28					3937743307	
				7522500.4		0			5226.056						